LA REVOLUCIÓN DE LA CONCIENCIA
II

LA EXPANSIÓN CONTINÚA

ISHA

LA REVOLUCIÓN DE LA CONCIENCIA
II

LA EXPANSIÓN CONTINÚA

Se hallan reservados todos los derechos. Sin autorización escrita del editor, queda prohibida la reproducción total o parcial de esta obra por cualquier medio -mecánico, electrónico y/u otro- y su distribución mediante alquiler o préstamo públicos.

Isha
    La revolución de la conciencia II: la expansión continúa -
1a ed. - Buenos Aires : Kier, 2006.

240 p. ; 20x14 cm.

ISBN 950-17-0229-4

1. Conciencia I. Título
CDD 126

Diseño de tapa:
Emiliano Konoba / Laura Riolfi
Diagramación:
Carlos Almar
LIBRO DE EDICION ARGENTINA
ISBN 10: 950-17-0229-4
ISBN 13: 978-950-17-0229-3
Queda hecho el depósito que marca la ley 11.723
© 2006 by Editorial Kier S.A., Buenos Aires
Av. Santa Fe 1260 (C 1059 ABT), Buenos Aires, Argentina.
Tel: (54-11) 4811-0507   Fax: (54-11) 4811-3395
http://www.kier.com.ar - E-mail: info@kier.com.ar
Impreso en la Argentina
Printed in Argentina

Agradecimientos

A lo largo de mi vida, viví dentro de una neblina, buscando amor desesperadamente. Aunque lo vislumbré en ocasiones, nunca pude realmente acceder al amor que tanto anhelaba en su plenitud.

Cuando finalmente lo encontré dentro de mí misma, toda la creación comenzó a ser un espejo de su belleza.

Nadie en el mundo puede estar más rodeado de amor que yo.

Las personas que amo, mis amigos y mis maestros, me lo dan infinita e incondicionalmente.

La creación de este libro es producto de ese amor.

Sankara, mi joven maestro iluminado, quien sistemáticamente arregló lo que yo decía y lo plasmó poéticamente en su perfecto inglés británico.

Kavali, Satya, Sadasakti e Ishani, quienes transformaron maravillosamente este libro al español para mis estudiantes latinos.

Y por supuesto Durga, quien está siempre a mi lado, transportando mis palabras y mi corazón a toda la comunidad latina.

Este libro es mi verdad.

Espero plantar una semilla en el corazón de la humanidad.

Mi amor para mis maestros, mis estudiantes, mis coordinadores, a Kier, mis editores, que siempre me apoyan.

Y a toda la creación,
mi amor.

Isha

Prólogo

Después de haber aceptado la invitación de Ishani a internarnos en *La Revolución de la Conciencia I*, como Alicia en el País de las Maravillas, y dejarnos deslumbrar por la aventura de esa propuesta, hoy, al abrir estas páginas, estás comenzando la segunda parte de este viaje, *La Revolución de la Conciencia II, La expansión continúa*.

Estás entregándote a ver en un espejo, el reflejo de todos los espejos. Como una cadena infinita de imágenes que desde todos los ángulos muestran su diversidad, su increíble perfección en la diferencia, y su inalterable pertenencia a una imagen única, deslumbrantemente original.

En tu entrega a esta experiencia, te sumerges en tí, en los aspectos que esperan tu abrazo, en la satisfacción de lo que es y la despedida final a lo que no es.

Permite que cada palabra vibre en tu interior.

Ábrele la puerta para que te acaricie el corazón.

Entrégate en la risa o la lágrima de su expresión.

La Revolución de la Conciencia II, La Expansión Continúa, es una invitación a la expansión de tu conciencia atravesando la dualidad, más allá de la ilusión, en la no separación.

Una invitación a abrazar la unidad en este eterno ahora.

En profunda gratitud a mi Maestra Isha, y a cada uno de ustedes, que están iniciando este viaje.

Durga

Introducción

La unidad absoluta de la conciencia humana completa había sido perfectamente lograda por todos, en la cristalina ciudad de Atlantis.

Construída para reflejar la experiencia interna de conciencia alcanzada por sus miembros fundadores, la ciudad era como un gran espejo, reflejando la claridad de la conciencia divina. Había logrado este propósito y se erguía como un monumento eterno a la gloria de los atlantes.

En Atlantis no había un sistema educativo, porque los atlantes sabían de la perfección de los niños tal como son. En vez de forzarlos a adoptar opiniones impuestas y restrictivas y teorías intelectuales, ellos alentaban a los jóvenes a confiar en su propia creatividad interior e intuición y a escuchar a su propia omnisciencia. Debido a esto, los niños nunca experimentaban separación. Ellos sabían que eran perfectos y se amaban a sí mismos incondicionalmente. No tenían ninguna necesidad de cambiar y simplemente evolucionaban, con alegría y naturalidad, hacia su propia y única expresión de divinidad. Todos sus talentos eran reconocidos como especiales y únicos. No había competencia ni celos, aferramiento o inseguridad. Los niños se enfocaban siempre en la alegría y la libertad del momento presente. Tampoco había familias individuales: los pequeños, y todos los adultos, se apoyaban unos a otros en todos los aspectos. El foco principal en Atlantis era divertirse, jugar, crear, manifestar, ser.

Los atlantes tenían una percepción tan refinada, que eran capaces de entender el idioma de los animales y comunicarse con ellos tal como lo hacían con los humanos. Todos los niños tenían una multitud de mascotas, conformada por la más vasta variedad de representantes del reino animal, incluyendo muchas especies que, por ser tan evolucionadas, eran desconocidas fuera de la ciudad de cristal. Había caballos voladores y dragones acuáticos y los niños pasaban sus días jugando bajo las olas, montando delfines, tomando sol sobre el lomo de ballenas, bailando con sirenas y explorando las profundas aguas marinas. El océano para los pequeños atlantes era un parque temático y pasaban muchas horas bajo el agua, bajando su frecuencia cardíaca hasta niveles tan bajos, que la respiración no era necesaria. La vida en Atlantis se perfeccionaba más a cada momento. Alcanzaba la perfección más allá de lo imaginable.

En Atlantis no se envejecía. Todos vivían por lo menos quinientos años. Lucían de diez años hasta los doscientos, de veinte hasta los trescientos y cuando llegaban a los quinientos no parecían mayores de treinta años. No existía en Atlantis la enfermedad ni problemas de salud. La única cosa que cambiaba era la expansión constante de la conciencia.

Gobernada por el Consejo de Unidad -un grupo de los visionarios más brillantes de la tierra-, la vida de los atlantes florecía en perfecta armonía. Cada aspecto de la sociedad era regido desde la claridad de la sabiduría omnisciente.

En el centro de la ciudad, la esfera de cristal del Consejo flotaba entre siete espiras, representando a los siete maestros Isha que siempre guiaban el trabajo del Consejo. Estas siete espiras la abrazaban sin tocarla, como dedos de una mano enorme elevándose desde el suelo, para acariciar la esfera perfecta. Irradiando desde esta increíble escultura, este tributo asombroso a la unidad y a la conciencia eterna, se extendía por toda la ciudad de Atlantis.

Como una Venecia de cristal, la ciudad fue construída sobre el mar. Las casas y edificios sólo estaban separados por onduladas olas de agua turquesa transparente.

Toda la ciudad, de hecho, era una isla artificial, edificada en el medio de lo que, milenios más tarde, sería conocido como el Océano Atlántico.

A través de su increíble comprensión de la estética, de la conciencia y de los mecanismos sutiles de la estructura molecular del universo, los arquitectos atlantes habían diseñado la ciudad de tal manera, que a pesar de que las casas flotaban directamente sobre el mar, los atlantes eran capaces de moverse de casa en casa a través de la ciudad entera, simplemente caminando sobre las aguas. Como Cristos, mucho antes de los tiempos de Jesús, los atlantes hacían sus cosas de todos los días descalzos, caminando suavemente de ola en ola.

¡Bienvenido a la ciudad de Atlantis, una joya brillante creada desde la perfección de la Iluminación!

¿Suena esto idealista? ¿Suena como el tipo de mundo que te gustaría crear?

✶✶✶✶✶

Dentro de este libro yacen las respuestas a cientos de preguntas. Las respuestas vienen desde la conciencia humana completa: la Iluminación.

¡Imagina por un momento, que todo lo que experimentamos, fuera un espejo dentro de la ilusión de dualidad; que nuestra percepción de lo que está bien y lo que está mal, fuera creada por la mente!

Todos soñamos con una sociedad ideal, como la que los atlantes crearon, pero estas sociedades ideales son un reflejo directo de la conciencia interna. El juego que estamos jugando es la creación del cielo aquí en la tierra. Para lograr esto, el mundo no tiene que cambiar, sino que el cambio necesitamos hacerlo nosotros, encontrando el cielo adentro. Es allí donde se comienza a abrazar la perfección y la magia.

El retorno a Atlantis es mi nuevo libro, que estará disponible en un futuro no tan distante, pero en este momento, te invitamos a explorar una nueva posibilidad, un nuevo mundo, que viene desde dentro de ti. Este mundo nuevo esta descrito aquí, en *La Revolución de la Conciencia II, la Expansión Continúa*. *La Revolución de la Conciencia* es una compilación de preguntas y respuestas formuladas por personas de todo el mundo y algo de poesía e historias recolectadas por mí, durante mis viajes por América del Sur.

Con amor,

Isha

La Revolución de la Conciencia II
La expansión continúa

Mientras galopaba en mi caballo a través de las vastas planicies uruguayas, me sentía hipnotizada por la belleza contenida dentro del silencio interno de estos horizontes sin fin, la simplicidad de este país y el estilo de vida de su gente.

Es increíble ver como todo en la naturaleza se mueve de una manera tan perfecta. Todos los aspectos se sirven unos a otros: la tormenta, los rayos severos del sol; una vaca muere, otra nace; todos los caballos mezclándose, razas diferentes, colores diversos.

Tuve el privilegio de pasar un tiempo allí, junto a los gauchos. Ellos son gente notable. Los que conocí eran muy callados, trabajadores y de una naturaleza dócil. No son entrometidos; están muy centrados en su propio ser. Trabajando codo a codo con los animales, parecen tener un lenguaje propio. Tienen manos grandes y rugosas, talladas por años de dura labor y una vestimenta típica que portan con el conocimiento interno y pleno de su identidad: ser gaucho y estar orgulloso de serlo.

Me detuve en un almacén local, dos gauchos salieron. Para mi sorpresa, ambos estaban completamente borrachos. Es difícil imaginar que en este estilo de vida tan simple se pueda crear tanta auto-tortura mediante la divagación de la mente, que necesites estar borracho a las once de la mañana para poder escapar de tus demonios. En una tierra donde todo fluye tan perfectamente, donde todo es tan calmo y tan tranquilo y nadie quiere nada, es asombroso que los fantasmas del intelecto puedan crear tal tormento interior. Pero es así como funciona la mente humana. La culpa, el anhelo, el sufrimiento por lo que ya pasó o lo que no: ésta es la locura de la condición humana.

Puedo infligirme tortura en medio de la vida simple en el campo, rodeada solamente por las vacas y la gente que amo, o puedo morir de una depresión profunda por soledad en el corazón de Nueva York. Tal como alguien me dijo hace poco, desde un lugar de insatisfacción, *"siento como si estuviera clavada a Nueva York"*. Para mí esas palabras describen la crucifixión humana: el cómo nos torturamos a nosotros mismos y culpamos al lugar donde vivimos, de ser el responsable de nuestro descontento. Y en realidad, no estamos nunca presentes allí, nunca vemos nada con claridad. Todo lo que escuchamos y vemos son, en realidad, nuestros propias experiencias y proyecciones, sin importar donde estemos.

Anhelamos la libertad absoluta. Buscamos incesantemente la paz, el amor y la plenitud. Esto es sólo otra analogía de cuán obvio es el hecho de que tenemos que encontrar eso dentro de nosotros mismos. Lejos de los devaneos y sueños de la *"matrix"* de la mente, dentro de la quietud del amor, a la que nosotros llamamos conciencia.

A veces siento que todo se está elevando y creciendo en la conciencia y cuando veo eso, a la vez veo como en un espejo, lo opuesto creando destrucción. Por ejemplo, el caso reciente de las bombas en Londres ¿tiene que ser así?

Todo es un regalo. A la gente no le gusta cuando digo esto, pero todo lo que creas en tu vida, cada desastre, cada pérdida, todo nos está trayendo de vuelta a casa, a nosotros mismos. Todas estas cosas son una llamada a despertar para la humanidad y ellas unifican a la humanidad.

Aparenta ser separación, pero es siempre en las crisis que dejamos a un lado nuestras diferencias y comenzamos a unirnos.

Todo en la dualidad es el reflejo en un espejo. Todos están enfocados en las diferencias, es por eso que la gente lanza bombas, es por eso que tenemos terroristas. Por ejemplo, los norteamericanos piensan que ellos están en lo correcto y los otros también piensan que están en lo correcto y entonces van a la guerra, porque luchan defendiendo sus diferencias. Ellos han perdido de vista la unidad, pero todas estas cosas, eventualmente, nos traen de vuelta a ella. Porque en realidad nadie gana, es imposible ganar.

"Yo creo en esto y tú crees en aquello".

Lo que necesitamos es aprender a amarnos los unos a los otros incondicionalmente, en vez de imponer nuestros sistemas de creencias. Esta es una ilusión de dualidad, en la que a medida que la conciencia se eleva, también la dualidad aparece con más vigor, como haciendo oposición. Esto es porque está intentando mantener el equilibrio dentro de esta dualidad, en la que a medida que la conciencia se va elevando y el amor se expande, el miedo también se activa y magnifica. Es irónico ver cómo, a lo que los humanos temen más, es al amor. Le tienen miedo al amor.

¿Qué es la dualidad?

Te voy a dar un ejemplo simple:
Luz-oscuridad,
amor-miedo,
bueno-malo,
correcto-incorrecto.

Es la dualidad, pero a la vez, en realidad, no existe tal cosa. Lo único que existe es el amor. Es la única cosa que existe. Pero, creamos la dualidad para poder tener esta experiencia de limitación; para que podamos tener todo el color, toda la separación, todo el dolor, todo el romance.

El amor y el odio; o ambos juntos en la separación, las diferencias. Todo lo que crea el paisaje de la vida ¡Es increíble! ¡Esta es una creación increíble!

Cada persona es su propio universo. Si tú te detienes y te sumerges totalmente en el momento presente, te entregas inocente y abrazas su magia, sólo verás cuán increíble es esta creación.

Pero somos tan superficiales. Siempre estamos flotando en la superficie, estancados en el intelecto, inmersos en la *"matrix"* de la mente.

Lo único que necesitas es parar y anclarte en el amor. Entonces encontrarás la perfección. En cada momento puedes elegir la perfección.

Nunca hay nada malo. Es sólo una proyección. En este momento, si te detienes, todo es perfecto. Encontrarás que el amor está siempre ahí ¡Siempre!

Ser más consciente de la verdad me lleva a querer ignorar mi realidad humana. Me gusta estar sola, más y más adentro cada vez, y mi mente crea un drama: debiera trabajar, cumplir mis deberes de madre... Yo sé que es mi juicio sobre esto, pero me siento egoísta expandiéndome y despertando. ¿Es que, debería acaso ignorar mis compromisos humanos?

Tú tienes una percepción falsa de lo que es la conciencia, tú crees que es algo separado de ti, pero, en realidad, la conciencia es lo que tú eres.

Mi vida es como la vida de una ejecutiva, teniendo que organizar todo con casi cincuenta maestros, todos en diferentes lugares, pero yo experimento esto manteniéndome anclada en la conciencia y es así como mi eficiencia, mi habilidad para estar presente y mi capacidad de amar, son un millón de veces mayores que antes.

Ser tú misma en un ciento por ciento, es el regalo más grande que puedes darte a ti misma y a la humanidad. No hay nada egoísta en estar centrado en uno mismo. Es egoísta no estarlo, porque cuando no lo estás, es que estás buscando algo continuamente en el afuera.

Pero, en cambio, cuando estás anclado en el Ser, puedes dar incondicionalmente en todo momento. Estás percibiendo desde el miedo y, en realidad, es lo opuesto. La conciencia es lo opuesto al miedo, porque es amor en cada momento.

¡En todo momento!

La revolución de la conciencia... ¿Hay también una involución de la conciencia?

No. Lo maravilloso de la conciencia es que continúa expandiéndose. Una vez que has estabilizado un cierto nivel de conciencia, nunca vuelves atrás. Puedes acumular estrés, que te afectará físicamente, pero tu nivel de conciencia no involucionará. Una vez que lo has estabilizado, es permanente.

Lo importante es estar continuamente en contacto con la conciencia, estar escuchando conciencia, estar leyendo conciencia, porque ésto nos sostiene en nuestra grandeza.

La ilusión de la dualidad es muy fuerte, porque es habitual y siempre hemos estado atrapados en ella. Y para movernos más allá de ella, necesitamos elegir, en cada momento, el amor en lugar del miedo: para eso tenemos las llaves. Entonces podemos elegirlas en cada momento y eso nos atrae hacia la conciencia y fuera de la dualidad.

Pero tú nunca retrocederás. Antes de que estabilices tu conciencia, puedes quedar enganchado en la ilusión durante una contracción, pero nunca volverás atrás.

Es por esto que los Maestros Isha deben tener un cierto nivel de conciencia para graduarse. La conciencia colectiva está atrapada en un sueño; está todavía atrapada en la *"matrix"* del intelecto. Los maestros tienen que estar claros, porque el gancho de la ilusión es muy fuerte. Tienen que ser capaces de sostener la luz a través de la ilusión, así que tienen que estar en un nivel de conciencia muy estable.

Érase una vez un gran asceta. Él meditaba todo el día por períodos muy largos de tiempo y experimentaba una dicha muy profunda. Después de muchos años de meditación profunda, Siva, el rey de los dioses, se le apareció y lo felicitó por su dedicación.

"¡Ah!", lloró el asceta, "Yo sabía que reconocerías mi compromiso! ¡Debo ser el más dedicado de todos tus estudiantes!"

"Realmente, no es ésa la razón", respondió Siva.

"¿Cómo que no?" repuso el asceta, sorprendido, "Yo siempre me enfoco hacia dentro, siempre regocijándome en la experiencia divina de la conciencia. ¡Muéstrame un hombre que esté más comprometido que yo!"

"Bueno", dijo Siva, "ven conmigo"...

Al cabo de un rato llegaron al jardín de una granja muy humilde. La tierra era estéril, seca y los pocos cultivos que habían sobrevivido eran pequeños y desnutridos. Siva llevó al asceta donde el granjero: un hombre pequeño, golpeado por el tiempo, quien, obviamente, había trabajado muy duro toda su vida atendiendo la tierra.

El asceta estaba asombrado. Confrontó a Siva y le dijo: "¡No puedes decirme que este hombre está más enfocado en la conciencia que yo! Difícilmente tiene tiempo para meditar, ¡con tanto trabajo!"

Siva sonrió y le dijo: "Sé paciente, te voy a mostrar a lo que me refiero. Quiero que hagas algo para mí".

El asceta respondió, "Sí, por supuesto, mi señor; yo haré lo que sea para servirte".

"Quiero que llenes esta urna con agua, justo hasta el borde. Luego quiero que recorras la granja con la urna en tu cabeza, sin derramar ni una sola gota".

"Pero, Siva, mi señor", replicó el asceta, "¡ésta granja es muy grande! ¡Voy a tener que caminar varios kilómetros y seguramente voy a regar algo de agua!"

"Ni una sola gota", replicó Siva.

El asceta comenzó su tarea, balanceando precariamente la gran urna en su cabeza y tambaleándose peligrosamente de vez en cuando, a medida que caminaba lentamente a lo largo de los límites de la granja. Estaba decidido a demostrarle a Siva cuán comprometido era, y enfocado en no permitir que ni una sola gota cayera de la urna Le tomó todo el día, pero lo hizo con tanto cuidado, que ni una sola gota de agua cayó de la urna mientras caminaba alrededor del terreno. Cuando regresó donde Siva, la noche estaba cayendo, pero él lo había logrado.

"¿Ha visto mi señor?" exclamó mientras bajaba la urna, "¡no derramé ni una sola gota de agua! Yo realmente soy su estudiante más dedicado".

"Sí" respondió Siva, "es cierto, no derramaste ni una gota. Pero has probado mi teoría. Este granjero está más enfocado que tú".

"¿Cómo puede decir eso, mi señor?" gritó el asceta, frustrado y molesto. ¿No cumplí mi tarea perfectamente?"

"Lo hiciste, hijo mío" respondió Siva "pero puedo preguntarte: mientras estabas cumpliendo tu tarea, mientras llevabas la urna, ¿cuántas veces te enfocaste en la conciencia?"

"Bueno, no lo hice, por supuesto" dijo el asceta, "toda mi atención estaba en la urna, asegurándome de que no se regara el agua".

"Eso, mi querido estudiante, es la diferencia entre el granjero y tú" respondió Siva. *"Es verdad, tú te enfocas en la conciencia más que él, pero estás sentado con los ojos cerrados todo el día. La verdadera virtud de un estudiante es ser capaz de mantener el foco, en medio de la actividad. Este granjero trabaja duro todo el día, pero se enfoca en la conciencia mientras trabaja".*

Ese es el verdadero valor del crecimiento interno: ser capaz de traer esa dicha, esa plenitud en cada momento de la vida. Si no, no estás viviendo realmente. Si sólo puedes mantener ese estado interno cuando estás alejado del mundo, no has podido lograr nada. El verdadero logro es poder mantener esa paz interna sin importar el entorno.

¿Por qué elegimos experimentar la dualidad? ¿Si alguna vez supimos que éramos perfectos, por qué elegimos atravesar esta experiencia de separación de la Fuente del amor? ¿De hecho, decidimos en algún momento crear todos juntos la dualidad?

¡Llamamos a elecciones y votamos!
¡Bueno, vamos a crear la dualidad!
¿Qué tal si no hubiera separación? ¿Qué tal si fuera una ilusión que tú estás creando en cada momento a través de tu intelecto, tu mente? Y ¿qué tal si tú no estuvieras separado de nadie porque no hubiera nadie aquí mas que tú?
Tú eres la totalidad de la creación.
Tú eres lo único que existe y todo existe para ti, para que juegues este juego.
No hubo votación, no hay ningún lugar adonde ir, no hay nada adonde volver, sólo ser amor en este momento. En cada momento, ser más y más amor. Y mediante él, enfocarse en la conciencia.

Es imposible entender esto desde el intelecto, porque todo es al revés. Y esa es la idea. Es por eso que ni los científicos más brillantes lo pueden entender.

Si fuera simple de entender, la ilusión se rompería. Si tú entendieras todo, el juego acabaría. Así que la única cosa que puedes hacer es rendirte, entregarte a cada momento, en todo momento. El momento presente es lo único que es.

¿Entonces tú continúas jugando el juego de despertarte en tu experiencia? ¿O juegas el juego de despertarnos a nosotros?

¡Sí, ése es mi juego! ¡Eso es lo que hago! Y lo hago un ciento por ciento con toda mi pasión. Pero es un juego. Yo sé que en realidad no importa. No estoy salvando nada. ¿Cuándo deja Dios de ser Dios? Nunca. ¡Dios es siempre Dios! Tú eres infinito, inmortal, puro amor. Yo sólo te lo estoy recordando. Y comencé por recordármelo a mí misma. Y el juego es así, es un gran juego. Y cuando ya estás fuera de la ilusión, ¡entonces es cuando el juego realmente comienza!

Tu despertar es mi despertar y yo soy tan afortunada... Sí, cuanto más doy, más recibo.

Este es el Casino de la Vida y la buena noticia es que ¡somos propietarios del Casino!

Soy un adicto al trabajo y mi creatividad y capacidad para trabajar aumentó, pero trabajo hasta que no tengo energía, diez, doce horas por día y no tengo nada de energía para ejercitarme o unificarme. Estoy exhausto y no paro, porque tengo miedo de perder mi trabajo y ser descalificado, ¿qué me recomiendas para evitar esto?

Necesitas aclarar tus prioridades. Pero tú mismo tienes las respuestas a eso, tú sabes lo que necesitas hacer. Me estás diciendo, ahora mismo, lo que necesitas hacer. Tú ves que estás trabajando demasiado y que necesitas darte tiempo para ti mismo. Entonces ¡hazlo!

Es muy importante que te des cuenta de que te sientes inseguro con ese trabajo. Por eso estás tan apegado a él. Tienes un sistema de creencias falso: que tú eres tu trabajo y que eso es lo que te da valor como persona. Y te asusta perder ese valor, así que trabajas incesantemente, aferrándote al miedo de que, si no lo haces, puedes perderlo. Tienes que encontrar esa seguridad adentro. Tienes que encontrar esa seguridad enfocándote en el amor. Así, vas a crear lo que quieres en tu vida, en vez de tener constantemente ese miedo obsesivo de que algo va a resultar mal. Eso no es amarte a ti mismo. Primero tienes que ver tu propio valor y confiar en eso.

"Yo soy valioso, no tengo que trabajar hasta morir para ser apreciado".

Y cuando tengas miedo, sólo enfócate en la conciencia, usa las llaves que te ayudan a enfocarte en tu verdad. Recuerda: ¡*los miedos no son reales!* Entonces, elige algo diferente, de una manera nueva, enfócate en crear lo que sí quieres, en vez de enfocarte en lo que tienes miedo de crear.

¿En tu experiencia, el karma es real o es sólo un sistema de creencias?

En mi experiencia, la vida te muestra a ti mismo. Pero lo único que realmente importa es este momento. Es la única cosa que existe.

Creamos esta ilusión de separación y, luego, pensamos que tal vez tenemos que sanar vidas pasadas, vidas futuras; esas son tus elecciones, lo que quieras creer depende de tí. Yo hacía eso también. Ahora, no es mi experiencia. Es este momento; ser el amor en este momento, esa mi experiencia.

Porque todo es lo mismo. Todo es amor. Tú puedes crear lo que sea que quieras dentro de tu ilusión. Pero yo elijo crear la perfección en este momento. Esto es muy nuevo, muy radical, ¿verdad? Es lo opuesto a lo que siempre se ha dicho y es lo opuesto de lo que muchos maestros decían incluso quince años atrás. Éste es el próximo paso.

La conciencia evoluciona. Evoluciona todo el tiempo y siempre hay cambio. Y todo el cambio es en este momento, ahora. No es acerca de lograr algo o graduarse en algo:

"¡Oh!, me gradúo en esta vida, y mi próxima vida será mejor..." "Si sufro lo suficiente, voy a ir al cielo..."

Cuando haces esto, estás evitando este momento, y este momento, es lo único que es real ¡Esto!

La única cosa que podrás ver es a ti mismo, porque eso es todo lo que existe. Así que el karma sería en realidad, la vida mostrándote a ti mismo. ¡Perfecto! Consigues verte a ti mismo, consigues mejorar las partes que te gustan y soltar las partes que no te gustan.

Pero siempre eligiendo el amor. ¡Siempre!

Tengo deseos muy fuertes en mi vida: hay muchas cosas que quiero lograr. Pero relaciono el deseo con el apego y la insatisfacción. ¿Cómo puedo alcanzar un estado de no deseo?

Tú tienes un concepto intelectual, una idea de lo que es el no deseo.

Yo tengo deseos. Pero no tengo apegos. Esa es la diferencia.

Estoy siempre siendo la grandeza de quien puedo ser, estoy siempre siendo más. Estoy siempre creando más y más grande, estoy siempre logrando más. Pero no estoy apegada al resultado, porque yo no soy eso.

Yo no soy mis deseos.

No soy mis logros.

Soy mi conciencia.

Eso es lo que soy.

Tú tomas mis palabras y les pones un concepto, pero no es de eso de lo que se trata el deseo. Cuando yo digo no deseo, hablo del sufrimiento.

Antes de despertar, si yo me ponía un objetivo, tenía que lograrlo y lo hacía con tanta fuerza y tal obsesión que lo lograba. Y luego no era lo suficientemente bueno, porque había otra meta y eso es obsesivo, porque nada era nunca lo suficientemente bueno.

En cambio, ahora, estoy siempre haciendo las cosas más grandes, pero desde un lugar de inocencia, y no hay apego. Hago lo mejor que puedo, pero no estoy obsesionada con eso, porque experimento el juego anclada en paz y en alegría.

Este es un juego. Disfruta tus deseos y juega siempre un ciento por ciento. Siempre lo que des, es lo que volverá a ti. Yo siempre doy un ciento por ciento y hago lo mejor que puedo. Pero no sufro por eso. ¡Es un juego, es el mejor juego!

Te escuché decir que uno de los apegos más grandes era a tener la razón. ¿Tú tienes ese apego?

No, porque... ¡Yo siempre estoy en lo correcto! ¡Ja, ja!

Y eso es un hecho. ¡No es un apego!.. ¡Ja ja!

Donde sea que te estés aferrando, comienzas a sufrir. ¡Y sufrimos tanto por nuestras ideas! Vamos a la guerra para defender una posición ideológica. Nos sacrificamos los unos a los otros por nuestros ideales.

Así que esto es muy fácil de ver.

Porque si estás hablando la verdad, si viene del amor, no habrá apego. Tú no sentirás necesidad de defender tus palabras.

Pero, si tú sientes la necesidad de defender y pelear por lo que estás diciendo, ésa no es una verdad absoluta. Es sólo una idea y un apego.

Es muy fácil ver la diferencia.

La mayor parte de las personas, al principio, no están de acuerdo conmigo, pero yo no estoy esperando recibir aprobación. Yo sólo hablo mi verdad y les permito tener su propia opinión. Si tú sientes la necesidad de insistir en que tienes RAZON, que estás en lo CORRECTO, entonces estás apegado. Necesitas soltar ese apego, ir hacia dentro y darte amor a ti mismo.

Es muy fácil ver donde estás apegado a tener razón. Es sólo un hábito viejo. Yo lo aprendí en mi familia, ¡era como un club de debate!

¿Puedes hablar sobre la inocencia?

La inocencia es fácil. Tú sólo tienes que soltar todo y estar totalmente presente en cada momento. Los niños son inocentes y, a medida que la conciencia se expande, te transformas como en un niño. Comienzas a hacer las cosas más espontáneamente y comienzas a decir exactamente lo que piensas, comienzas a vivir en el momento presente. Comienzas a fascinarte más con la vida, a ser más amoroso contigo mismo y más afectivo con todos los demás. Dejas de juzgarte a ti mismo.

La conciencia crea esta inocencia.

La inocencia cree que los sueños no tienen límites, que no tienen limitación.

Érase una vez el hijo de un entrenador de caballos que era muy pobre. Su padre disfrutaba de su trabajo, pero escasamente ganaba el dinero suficiente para mantener a su familia.

Un día en la escuela, al niño le asignaron una tarea: escribir un ensayo sobre lo que le gustaría ser cuando creciera.

Esa noche, muy emocionado, escribió un ensayo de siete páginas, describiendo su sueño, el de algún día ser dueño de unas caballerizas para criar sus propios caballos.

Él escribió el ensayo con gran cuidado y atención a cada detalle. Inclusive dibujó los planos de la tierra y la casa que soñaba tener, le puso todo su corazón a este proyecto.

Al día siguiente se lo entregó a su profesor y dos días después, éste se lo devolvió. Lo habían calificado con la nota más baja.

El profesor había escrito una nota en la parte superior del ensayo en letras grandes y rojas: "Ven a verme después de clase".

Cuando sonó la campana, el niño se quedó esperando y le preguntó al profesor: "¿Por qué me puso una nota tan baja?"

El profesor respondió: "Tu ensayo describe un futuro muy irreal para un niño como tú que no tiene dinero y su familia es muy pobre. ¡No tienes ni siquiera suficiente dinero para comprar tu propio establo! Tendrías que comprar tierra, necesitarías un capital de base, sin mencionar los costos de mantenimiento. ¡No hay forma de que pudieras lograr eso!"

Y agregó, "Si tú vuelves a escribir el ensayo con un objetivo más realista yo reconsideraré tu calificación."

El niño se fue a su casa y pensó por largo tiempo. Inclusive le preguntó a su padre qué debería hacer.

Su padre respondió: "Mira hijo, tienes que decidir eso por ti mismo. Es una decisión muy importante y yo no la puedo tomar por ti."

Finalmente, después de una semana de reconsiderarlo profundamente, el niño entregó el mismo ensayo, sin ningún cambio y le dijo a su profesor: "¡Usted puede mantener su calificación; yo voy a mantener mi sueño!"

Los años pasaron y un día, el profesor, a punto de retirarse, llevó a un grupo de niños a visitar un gran rancho; un famoso criador de caballos con algunos de los ejemplares más espectaculares del país.

El profesor estaba asombrado cuando al ser presentado al dueño se dio cuenta de que ¡era el mismo niño al que le había dado la nota más baja como calificación a su sueño!

Al irse, el profesor le dijo: "Cuando yo era tu profesor hace mucho tiempo, era como un ladrón de sueños. Por muchos años, yo robé los sueños de los niños. Afortunadamente, tú fuiste lo suficientemente fuerte para no abandonar el tuyo."

La inocencia proviene de la conciencia, porque la conciencia se mueve desde el corazón. Y hace cosas espontáneamente, con alegría. No piensa. El intelecto entonces dice:

"*¡Tú nunca tendrás un padrillo! ¿De dónde sacarás el dinero para ello? ¡Estás perdiendo tu tiempo con sueños imposibles, sé realista!*"

Ése es el intelecto. Pero la inocencia confía. Y a medida que expandes tu conciencia, serás cada vez más y más inocente.

Es sólo tu mente la que te impide ser inocente.

Nosotros somos todos niños. Todos queremos ser niños, siempre. Nosotros amamos jugar, amamos amar, amamos ser amados, amamos las aventuras, amamos las historias, amamos la magia de la vida. No es difícil para nosotros ser niños, porque *somos* niños. Regresa más y más a eso. Luego, encontrarás la verdad en la inocencia.

Ayer tuve una revelación. Profundo en mi corazón sentí, con absoluta claridad, que yo era uno con todo y que era parte de un ser único. Me di cuenta de que cuando siento distancia de alguien, me estoy negando a mí misma la experiencia del amor, que estoy evadiendo mi propia plenitud. Una intensa emoción de amor incondicional me atravesó y la tuve conmigo todo el día. Me di cuenta de que la separación es lo opuesto del amor y que toda la separación que yo percibo es, en realidad, la separación que yo tengo de mí misma.

No hay nada más que tú.
No eres parte de nada.
Eres la totalidad de todo.

Si sientes separación con alguien, es importante caminar hacia ella, expresar qué es lo que sientes y después, dejar ir ese sentir. Y luego podrás ver a través de la ilusión, ya que lo único real es el amor y, si te sientes separado de alguien, eso que sientes es sólo un lugar en el que estás separado de ti mismo.

Cuando caminas hacia la separación, ésta se disuelve, porque la ilusión cae. Siempre camina hacia la separación, expresa tu sentir y, lo más importante, ¡déjala ir!

¿De dónde venimos los humanos, de la teoría evolutiva de Darwin o acaso crees en las teorías de la nueva era que dicen que la humanidad llego aquí desde otro planeta?

No creo ni en una ni en la otra, todas son teorías y todas son ilusión. Es una ilusión que crea el tiempo y crea el espacio.

Yo no estoy hablando de teorías. La única cosa que existe es este momento; tú y tu perfección.

Es imposible entender esto hasta que tú mismo lo experimentes.

Yo sé que yo he creado todo esto.

Yo sé que he creado la ilusión de tiempo y espacio.

Yo sé que todo existe para que yo quede atrapada en esta *"matrix"*, y así creer que esto es real.

Lo viejo, lo nuevo.

El nacimiento, la muerte.

Es todo una ilusión. ¡Todo!

Nunca puedes perder nada porque eres todo. Eres la totalidad de todo. No eres una parte de nada, eres la creación entera. Todo es lo que tú eres.

¡Todo!

Y todo es ¡Todo!

Sólo puedes escucharlo con tu corazón.

Porque la mente está diciendo:

"*¡Pero, ella está allá, él está allá y ella está allá y están las pirámides y está Miguel Ángel y hay mamuts! ¡Hay pruebas científicas! ¡Todas estas cosas tienen millones de años!*"

Cuando desperté, me di cuenta de que todo lo que yo creía que era real, no lo era. Era una ilusión que yo había creado.

Así ustedes seguirán expandiendo sus conciencias a cada momento y comenzarán a darse cuenta de que son lo único que existe y que lo único real es el amor.

Nunca estarán solos, porque sólo hay amor. Todo es amor. Todo es amor. Todo es perfecto, todo es hermoso, todo es intrincado; es inconcebible, porque creamos esto desde la grandeza de lo que somos.

Nuestra propia grandeza está mucho mas allá de los confines de nuestro intelecto, no podemos percibirla.

Y a medida que el amor sigue creciendo, todas las preguntas caen y tú sólo eres, en la experiencia.

Y eso es libertad. Cuando podemos ver a través de la "*matrix*" del intelecto, de la dualidad.

Así que sólo enfócate en la conciencia.

No tienes que creer en lo que yo digo, hasta que sea tu propia experiencia, si no, va a parecerte siempre muy extraño. Pero, está bien, tan sólo sigue profundizando y lograrás tu experiencia.

Cuando yo hablo acerca de la ilusión, las personas me miran como si estuviera loca.

"*¿Cómo me puedes decir que algo que yo puedo ver, tocar y oler, algo que estoy experimentando tan vívidamente, no es real?*"

"*¿Cómo me puedes decir que no existe el miedo, sólo el amor? ¿Cómo puedes decirme que todo es perfecto?*"

"*¿Cómo me puedes decir que el mundo no tiene millones de años de antigüedad?...*"

Imagina por un momento que estás en una obra teatral. La obra va en continuado las veinticuatro horas del día y tú tienes el rol protagónico. Cada día hay un nuevo texto, con nuevos actores, nuevos roles de amor, miedo, éxito y fracaso, todos interpretando todos los dramas y los contrastes de la vida cotidiana. Entonces tú estas aquí –en el medio de esta obra, donde todo está constantemente cambiando– para que te puedas encontrar a ti mismo.

Las personas alrededor tuyo te muestran diferentes aspectos de ti mismo. De qué eres capaz, cuál es tu grandeza, cuáles son tus limitaciones. Todos existen sólo como espejo para reflejarte a ti mismo.

Imagina que eres la única persona que no sabe que ésta es una obra teatral.

No tiene sentido, no tiene propósito, no hay correcto ni equivocado; existe sólo para que experimentes la experiencia de la existencia humana.

De pronto, el telón cae, la amnesia desaparece, el velo sobre tus ojos cae y te das cuenta de que, en realidad, es sólo eso, una obra.

Ahora la obra tiene una nueva perspectiva.

Ha perdido su seriedad.

Ha perdido el apego.

Ha perdido el sufrimiento.

Has perdido el miedo.

Has perdido la necesidad de protegerte a ti mismo, la necesidad de proteger la imagen falsa del rol que actuabas tan seriamente. Te das cuenta que puedes jugar el rol que quieras, porque en realidad, tú eres todas las partes. Recuerdas que nunca has hecho nada mal ni equivocadamente, porque eres perfecto exactamente como eres.

Entonces, ¿cómo se vería la obra ahora, si experimentaras la libertad?

¿Cómo se presentaría tu personaje a sí mismo, si ahora no estuviera presente el miedo a la pérdida?

¿Cómo se comportarían los actores, si pudieran retornar a la inocencia y a la espontaneidad de los niños, haciendo lo que verdaderamente quieren? ¿Si hablaran su verdad y fueran ellos mismos, un ciento por ciento en cada momento?

Yo imagino que tu actuación cambiaría drásticamente, sin los límites impuestos por el guión que ha sido creado por la sociedad.

El telón se cerraría al final, en una escena trágica y se abriría nuevamente para mostrar una nueva escena trasformada en una comedia inocente y alegre.

Cuando rompes y atraviesas la ilusión, y descubres la verdad, sólo entonces, tú puedes experimentar la verdadera belleza de la creación.

Siempre he sido una persona muy intelectual. Una vez uno de mis amigos me preguntó si yo podía concebir al mundo sin la existencia del aparato circulatorio y recuerdo que comencé a llorar de frustración. Yo no podía concebirlo, ahora puedo entenderlo, pero en ese momento yo sólo lloraba de impotencia por no poder dejar ir el concepto.

Eso es lo que me encanta de los científicos en la película *"¿Qué rayos sabemos?"**. Están tan desapegados del tener que saber todo. En realidad estaban muy dispuestos a decir que no sabían nada.

"Nosotros sabemos todo esto, que nos permite darnos cuenta de que en realidad no sabemos nada".

¡Y fue genial! En cuanto podemos hacer eso y soltar nuestras ideas, posibilidades ilimitadas se abren más y más frente a nosotros. Y las respuestas siguen llegando más y más.

Esta es una película increíble. Pienso que todas las personas involucradas en ella son excepcionales, realmente excep-

---

* *¿Qué rayos sabemos?*, de William Arntz, Betsy Chasse y Mark Vicente. De próxima aparición, Ed. Kier.

cionales. Tan livianos y llenos de alegría. Todos los científicos presentes en ella están un poquito locos, pero ¡felices! Es bueno estar un poco loco, pero, aún mejor, ¡el poder reconocerlo y aceptarlo!

Yo tengo un síndrome obsesivo compulsivo y las personas que lo padecen tienen una tendencia a la adicción y a sentir culpa fácilmente. Es muy fácil para mí sentir que estoy lastimando a alguien. Cuando era chica siempre esperaba que sucediera lo mejor y cuando no sucedía así, el impacto era tan grande que me volví adicta a lo opuesto. Siempre esperando lo peor, así todo era mejor de lo que yo esperaba. Así que lo peor que le puedes decir a una persona obsesiva, es que siempre busque el lado bueno, porque somos adictos a lo opuesto.

¡Deja de etiquetarte a ti misma! porque muchas de las personas son así. Todos somos obsesivos compulsivos, todos tenemos pensamientos basados en el miedo. Todos somos fácilmente influenciables por las otras personas, nos sentimos culpables. Eso es muy normal para una persona sensible.

De lo que estamos hablando es de un hábito y uno puede romper estos hábitos con las llaves. ¿Recuerdas en la película *"¿Qué rayos sabemos?"*, cuando ellos muestran las células y cómo ellas se apegan a algo para obtener un determinado resultado, aunque el resultado sea negativo? La conciencia destruye esa respuesta automática y esa respuesta eléctrica. Y los hábitos pierden su poder. Todas esas grabaciones, todos esos miedos no son reales. Ellos están creando esta falsa experiencia de dualidad.

Tu compulsión a siempre temer lo peor, no es buena ni es mala, pero la conciencia te muestra qué es lo que ya no te sirve. No sirve pensar constantemente lo peor, es una protección también.

"Si yo pienso lo peor, entonces no me voy a decepcionar".

Solo enfócate en la conciencia, sin esperar un resultado específico. La expectativa alimenta la inconformidad. Si nuestras expectativas no son satisfechas, sufrimos. Yo no tengo expectativas. Yo puedo tener un deseo, pero no estoy apegada al resultado. Si no sucede, no importa.

En cambio antes, yo tenía un apego obsesivo al querer algo y hasta que no lo tenía, no era feliz. Y hacía lo que fuera para que resultara. Usualmente son ésas las cosas que más nos hacen sufrir. Así que si tienes un deseo, siente el deseo con inocencia y suéltalo. Debes estar abierta a la magia, a lo inesperado. Cuando te veas a ti misma siendo obsesiva, sólo continúa soltando. Suelta el control y sólo sigue trayéndote al momento presente. ¡Permanece obsesivamente presente! ¡Estar obsesionado con eso es buenísimo!

Te daré un ejemplo. Cuando llegas al punto en el que puedes ver, entonces se transforma en tu responsabilidad. Depende de ti hacer una nueva elección.

Y es en estos momentos que necesitas caminar a través de tus miedos, y ése es el paso hacia tu grandeza.

Tienes que estar dispuesta a soltar tus apegos, soltar tus adicciones y dar un paso a lo desconocido. Y es ahí cuando comienza la magia. Porque si te estás aferrando a todo con miedo, ¡estas viviendo en una pequeña cajita! Y la vida no es eso.

La conciencia no tiene límites.

Hablaba con una sicóloga hace un tiempo. Había sido sicóloga durante veinte años y era exitosa. Y tiene un comportamiento compulsivo. Por ejemplo, si está caminando, la invade un miedo paranoico y piensa que no ha cerrado el fuego en casa o que no hizo algo que debió hacer. Esto la controla totalmente. Y tiene que dejar de hacer lo que está haciendo y regresar para chequear.

Esto le sucede en cualquier momento y la paraliza completamente. Ella no puede avanzar, no lo puede controlar, pero ve lo que le sucede. Puede ver que es miedo, que no es real. Y yo le dije:

"puedes soltar eso, puedes soltarlo ahora, en este momento. Y en cada momento en el que venga puedes soltarlo".

Ella no quiso ni escuchar esto, ¡le dió una pataleta! No quería soltarlo; ella quería en realidad seguir sintiendo el correr de la adrenalina, debajo de la adicción. Ella no lo quería dejar ir.

Hay muchas cosas que no queremos soltar porque hay una adicción mayor: somos adictos al sufrimiento. Así que seguimos creándolo; tiene una envoltura diferente, pero sigue siendo la misma cosa. La adicción es a sufrir.

A medida que expandes tu conciencia, es más sencillo verlo, se te hace cada vez más evidente. Y si no lo puedes ver, el universo te lo hace más y más grande, ¡hasta que no puedes evitar verlo! Es como en la película *"Matrix"*; ¡ya tomaste la pastilla roja! ¡No hay forma de volver atrás!

¿Por qué las adicciones son tan poderosas y esta conducta autodestructiva nos controla tanto?

Es interesante que me preguntes eso, ya que días atrás estaba observando a mi caballo y pensando exactamente la misma cosa.

No hay nada más majestuoso que la danza magnífica de deseo que Crestula, mi semental, exhibe ante un yegüero. Hace cabriolas, encabritándose y relinchando, arqueando su cuello, sacudiendo su melena. Si fuera un dragón, ondularía humo de sus dilatados orificios nasales. El sudor cubre su cuerpo jadeante, hasta que se torna tan oscuro como un cielo sin estrellas. Su pasión lo consume de tal manera que se vuelve ciego; nunca se cansa, no duerme ni come; no siente dolor, está obsesionado.

¿Cuán a menudo hacemos lo mismo nosotros? Nos abandonamos, perdidos en el dolor auto-infligido del deseo y la adicción. Es todo muy romántico, pero la verdad es que cuanto más obsesivos nos volvemos por algo en el afuera, menos podemos tolerar estar con nosotros mismos. Cuando te ves a ti mismo obsesionarte por algo, es un momento ideal para parar y pensar,

"*¿Dónde es que no me estoy amando a mí mismo?*"

Entonces, ve hacia dentro y encuentra ese lugar de vacío y llénalo con el amor incondicional a ti mismo.

Yo siempre invito a mis estudiantes a que experimenten un romance consigo mismos, ya que una vez que tenemos esa experiencia de amor incondicional por nosotros mismos, entonces podemos extenderlo a toda la humanidad.

Y sobre Crestula, mi mítico corcel alado, él seducirá a miles de yeguas, pero su deseo nunca será satisfecho, sólo se hará más fuerte. Pero esa es su tarea, ¡él es un semental!

Yo quiero soltar la adicción al sufrimiento y a castigarme a mí mismo, pero estoy tan apegado, y veo mi lucha. ¿Qué hago con eso? ¿Sería la unificación una manera de soltar?

Solo enfocándote dentro. Cuando te sientas desesperado por el amor afuera, allí ¡para! y dátelo a ti mismo. Si tienes una ansiedad, una necesidad o el deseo de que alguien cambie para hacerte feliz, es en esos momentos que necesitas ir hacia dentro y amarte a ti mismo. Hablas tu verdad y, luego, siempre vuelves a ti mismo. No se trata de cambiar el afuera. Así que expresamos:

"*Así es como me siento*".

Pero sin apego ni expectativa de cambio de la otra persona, sino que expresas tu sentir para dejarlo ir. Tú solo expresas y regresas a ti mismo.

Tienes que darte cuenta de que eso es una obsesión compulsiva que genera adrenalina en tu cuerpo. Te has hecho adicta a esto. Y es una forma que has creado para mantenerte separada de ti misma. Para no amarte a ti misma. Así que cuando veas que eso sucede, para, mira al cielo, ríe, di:

"¡Oh, estoy haciendo eso de nuevo!"

Y suéltalo. Es habitual, pero todos los hábitos se pueden romper.

Cuando estoy con personas poderosas o autoritarias, siento mucho enojo, especialmente con mi jefe.

Sólo necesitas utilizar esas oportunidades para mover tus propias emociones. Ten contigo una pequeña almohadita y cuando sientas eso, te retiras y gritas en ella hasta que, el estar con esa persona ya no te afecte. Cuando muevas toda la rabia que está acumulada en ti, irás fluyendo más naturalmente con tus emociones.

Por ejemplo, yo odio la desorganización. Yo soy muy organizada y muy exacta, y espero excelencia, pero a veces ¡creo desastres!

Un día tenía que dictar un curso en Olmué, un pueblo de la cadena de la costa en Chile y nos perdimos por cinco horas. Está a dos horas por la autopista, ¡yo hubiera podido llegar más rápido caminando! Pero elegí soltar eso. No darle importancia.

Yo quiero excelencia en todo, pero no voy a sufrir por ello. Y solamente lo dejo ir en el momento.

Todo nos da una oportunidad de elegir el amor o el miedo: pelear, o rendirse al momento...

Había una vez una rana verde de árbol. Un día, se encontró atorada en medio de un arbusto muy espinoso. No había forma de salir, estaba rodeada de grandes espinas afiladas. Un sentir de desconsuelo la invadió, y al darse cuenta de que no podría escapar, se preguntó a sí misma:

"¿Cómo es que me metí en esta situación? ¡Qué inconsciente debí haber sido para terminar así! ¿Cómo voy a salir de aquí rodeada de tantas espinas?"

Comenzó a deslizarse suavemente, muy lentamente, parecía casi no moverse. Sus delicadas patas acariciaban tiernamente cada una de las espinas de las cuales estaba colgando. Sus caricias eran tan amorosas, que las espinas fueron profundamente conmovidas y se transformaron en flores. Su fuerte perfume penetraba el aire fresco.

Cuando finalmente dejó de deslizarse, se encontró nuevamente en el mismo lugar donde comenzó, sólo que esta vez estaba rodeada por delicados retoños.

Se detuvo.

Miró a su alrededor... y comenzó a cantar...

¿Cómo interpretas las imágenes de "¿Qué rayos sabemos?"? Para mí, la estación de tren significa las diferentes etapas que atravesamos en nuestra vida. El hecho de que la protagonista sea sorda, simboliza nuestra incapacidad para escuchar y cómo estamos cerrados a la realidad. Y el hecho de que era una fotógrafa, para mí representa nuestra incapacidad de ver las cosas inocentemente. Como siempre, estamos mirando el mundo a través de nuestro propio lente, a través de nuestras ideas y creencias...

¡Tú eres tan inteligente! ¡Yo ni me di cuenta de esas cosas! Sí, claro que hay un simbolismo allí. Pero no, no pensé en eso. Yo simplemente disfruté la película desde un lugar de inocencia.

Creo que la película es excelente, pero no describe exactamente mi experiencia de conciencia unificada. Intenta científicamente probar la experiencia de unidad, de manera intelectual. Pero el intelecto no puede comprender la unidad, porque sólo puede manejarse dentro de los parámetros de

tiempo y espacio. Muchas de las cosas que se dicen allí son muy importantes, pero aún están basadas en la dualidad.
Por ejemplo, yo sé que no hay nada que sea co-creación, que sólo es creación.
Que sólo es el uno.
Y que eso eres tú, creando todo...
En cada momento.
Yo soy sólo una ilusión.
Y tú eres el único aquí.
Y viceversa, en mi experiencia.

Están tratando de explicar algo con el intelecto que no pueden entender completamente, porque es una experiencia de la conciencia, que va más allá de los límites de la mente y el intelecto.

Cuando yo hablo, a menudo las personas usan lo que digo en contra mía, para justificar sus propios miedos y limitaciones. El intelecto siempre puede encontrar un argumento negativo, o una vuelta para mantener la confusión y la duda. Por eso es tan importante el rendirse al corazón.

De todas las personas de la película, J. C. Knight es la más clara, ella es una canalizadora de conciencia, no está intentando explicar eso intelectualmente.

Sin embargo, es un progreso fenomenal el ver a los científicos tan abiertos y constatar que la humanidad está tan dispuesta a ver esa película. Esa película es un éxito: personas en todo el mundo la están viendo. ¡Esas personas son fabulosas!

¿Qué es canalizar? ¿Por qué, si estás en tan alto nivel de conciencia, no puedes canalizar?

No tengo ganas de canalizar, porque soy pura conciencia.

A menudo, cuando la gente no ha sanado la separación con ellos mismos, encuentran una manera de escuchar su propia omnisciencia. Recuerdo, dos veces en mi vida, cuando es-

tuve en estado de conciencia exaltada. Yo tenía grandes expansiones y tuve mucha información. La información es fácil, porque ¡yo soy el creador de toda la información! Y sí, es verdad. Pero no me daba cuenta de que era mi verdad, mi omnisciencia. Yo pensé que venía de otro lugar.
La unión absoluta disuelve la separación y te conviertes en uno con tu propia conciencia.

¿Estas diciendo que JC Knight es Ramtha?
Exactamente.
¡Y cuando ella sane su propia separación, se va a dar cuenta de que esa sabiduría es suya!
Recuerdo que conocí a un hombre que solía hablarle a duendes en el jardín. ¡Él era el único que podía verlos! Estos pequeños duendes eran sabios. Pero nuevamente, él no estaba en contacto con su propia conciencia; la proyectaba en una idea fantasiosa a su alrededor. Todo eso parecía ser real, pero no lo era. Todavía está basado en la dualidad. Y es ilusorio.

¿Cómo puede un científico no usar su intelecto?
¡Si no usara el intelecto, no sería un científico! ¿Verdad?
Tú crees que estoy amenazando a tu intelecto y eso te asusta. Tu intelecto es tu apego más grande, pues te hace sentir importante y seguro.

¿Pueden mis pensamientos afectar mi entorno? ¿Y cómo puedo protegerme de los pensamientos negativos de las otras personas?

Tú siempre vas a tener pensamientos basados en dualidad, eso no cambiará. Pero si te estás enfocando constantemente en la alabanza, el amor y la gratitud, estarás creando desde ese espacio, hasta que te transformas en eso. Ese espacio es la conciencia.

Tú nunca has causado daño a nadie, excepto tal vez a ti mismo, pero está bien…en este momento puedes hacer una nueva elección. No te vuelvas paranoico con tus pensamientos: *"¡Ah! ¡Acabo de tener un pensamiento negativo! Las moléculas de agua se van a ver horribles al pensar eso. ¡Ay! mejor comienzo a pensar un pensamiento bueno para que se vean más bonitas".*

No hagas eso, pues esa es una manera de torturarte a ti mismo. Sé gentil contigo mismo y no caigas en esta trampa: *"Hay algo que está mal conmigo. ¿Por qué tengo estos pensamientos negativos?"*

Es sólo una forma de lastimarse. Ese, justamente, es el ego, esa pequeña voz que está siempre diciéndote, en tu cabeza: *"No eres lo suficientemente bueno". "Tendrías que ser diferente…".*

Cuando escuches esto, no le prestes atención, enfócate en tu propio corazón, allí yace la verdad.

Es imposible que algo del exterior te afecte. A menudo las personas están rodeadas por gente que perciben como negativas; si te afecta, es parte tuya. Sólo ve adentro y comienza a amar esa parte; nunca tienes necesidad de protegerte de nada. ¿Cómo puede ser? La única cosa que es real es el amor.

He estado creando algunas situaciones en mi vida, que yo llamo negativas, preocupándome y enfocándome en todo lo que no quiero. Me abruma. ¿Cómo puedo cambiar esto?

Tú creas todo en cada momento.
Cada cosa.
Cada parte de la realidad, en cada momento.
Pero esa no es una razón para castigarte. Esta es una experiencia de dualidad y siempre va a existir la dualidad. Có-

mo seas tú, dentro de esa dualidad, es lo que determinará tu experiencia.

Elige sólo ser más amor en cada momento, en primer lugar contigo mismo y, luego, el amor naturalmente se expande a todo.

Yo siempre he temido a la pobreza. Vivo en un país muy pobre y siento una tristeza enorme cuando veo las personas y los niños sin hogar en las calles. Ellos no tienen las mismas oportunidades que tiene mi hijo: recibir atención médica o vivir en una casa decente. Yo me pongo en el lugar de sus madres. ¡Es imposible de ignorar y terrible, que algo así exista en el mundo!

Generalmente, mi respuesta sobre este tema no es del agrado de muchos.

Cada persona tiene exactamente lo que necesita en cada momento.

Cercano a nuestro Centro, en Colombia, una familia vive de lo que les da la venta de los cocos que recogen del suelo. Ésta es su única fuente de ingresos. Pero ¡los niños viven en el paraíso! Juegan en la playa y la disfrutan como lo hacen todos los niños, en cualquier parte del mundo. Su padre trabaja por casi nada; y ellos no tienen comodidades modernas, pero tienen todo lo que necesitan en cada momento.

Todos crean lo que necesitan en cada momento y tienen la oportunidad de crear lo que sea que quieran. Uno de esos niños es ahora un maestro y está casado con una doctora de Bogotá. Él vino de la jungla, ésa era su vida y ahora ha creado algo diferente.

Y todos pueden crear exactamente lo que necesitan.

Pensamos que el sufrimiento se ve de determinada manera, pero todos sufren. Mira a Michael Jackson. Tiene fama, un enorme talento, pero siempre está sufriendo. Sufre el rechazo del público, no le gusta su apariencia física e intenta cambiarla constantemente, pero es el "rey del pop". Tiene todo, toda la fama y el éxito que cualquiera podría soñar, él la ha creado. Las personas piensan que la fama y la fortuna nos liberan del dolor de la condición humana, pero lo ilusorio nunca puede sentirse satisfecho. Sólo cuando vemos a través de la ilusión, la satisfacción y plenitud existen, pues el sufrimiento está en nuestras mentes.

Siempre creamos lo que necesitamos. Sólo que tal vez no sea como pensamos que tiene que ser.

Eso no significa que no intentemos mejorar constantemente las cosas para que haya más amor; nosotros lo estamos haciendo a través de la elevación de la conciencia.

Nosotros llevamos el Sistema Isha a áreas muy pobres de la sociedad y enseñamos como parte de nuestros programas de Servicio a la Comunidad. Todo el mundo puede hacer el Seminario. ¡Pero no todo el mundo quiere! Generalmente muchas más personas de clase media están interesadas en aprender. Tal vez, debido a que ya han tenido estabilidad económica, pueden experimentar que eso tampoco es suficiente y que aún se sienten vacíos.

No hay víctimas. Todos son Dios.

Así que damos, amamos, apoyamos, pero no vemos a las personas como víctimas.

No sufrimos, sino que los sostenemos en su grandeza. Yo les digo a las personas que son grandiosas. Yo no les digo:

"¡Pobrecito!, naciste en una familia equivocada. Si hubieras nacido en una buena familia, hubieras tenido una educación universitaria".

Yo conozco muchos chicos con educación universitaria que sufren también. Hasta que nos amemos a nosotros mismos, siempre experimentaremos el sufrimiento en algún lugar.

Soy trabajadora social y trabajo con niños sin hogar. Cuando estoy frente a un niño que ha sido abusado o abandonado, ¡hay que hacer algo! ¿Y tú me dices que ignore su sufrimiento?

Lo que tú hagas o cómo respondas será perfecto. Ellos te están creando a ti para que los ayudes. Yo no te digo que no tienes que hacer nada, en realidad, es lo opuesto.

Ellos están creando todo lo que necesitan en cada momento y tú eres un ejemplo de eso, te han creado a ti para ser apoyados.

No sufras.

Enfócate en tu corazón.

Y cuando ya no te veas a ti misma como víctima, cuando encuentres tu propia grandeza, tú verás a todos los demás así también. Y los podrás sostener así.

Nosotros nos vemos a nosotros mismos como víctimas. Yo soy una víctima, ¡me abandonaron cuando era bebé! y como me sentí abandonada, me pasé toda la vida salvando a los demás, ¡incluso a los perros callejeros! ¡Yo soy el club del abandono! En realidad, estaba intentando salvarme a mí misma.

Se más gentil contigo. Seguimos dando, seguimos amando, seguimos ayudando, pero ya no necesitamos sufrir.

Siguiendo tus recomendaciones y enseñanzas, me he sentido con más calma. Pero, al mismo tiempo, me siento como desinteresado en mi entorno. Por ejemplo, yo amaba mi trabajo y ahora siento que no me importa tanto. Me siento culpable, porque yo trabajé tan duro para llegar a donde me encuentro hoy y ahora es como si no lo apreciara más.

Esta es una oportunidad en la que puedes ser receptivo a tu sentir.

Suelta el:

"¡*Debería apreciarlo más! ¡Qué malo soy!*"

Aprendemos a ser tan exigentes y duros con nosotros mismos y queremos a la fuerza cambiar algo, porque en algún lugar nos repetimos: "*¡debería!*".

Esta es justamente la parte que no aprendimos, que no nos enseñaron: a ser gentiles con nosotros mismos, a escuchar lo que sentimos, a ser receptivos a lo que realmente necesitamos más íntimamente. En cambio, somos casi violentos cuando no cumplimos lo que se espera de nosotros.

Si en este momento no te interesa lo que está a tu alrededor, o más bien, estás con tu interés o tu energía yendo hacia adentro, ¡respétala! Pero esto no significa que estás abandonando el afuera, sino que no tienes tanto para poner allí en este momento.

Estás en un proceso de sanación, sólo eso. Tu cuerpo necesita tu atención; tu sentir necesita tu atención; tu necesidad de descanso, ignorada antes, necesita tu atención; respétala, fluye y la energía recirculará, y estará lista para enfocarse aún más que antes.

No te agobies ni te castigues, pon la atención en este momento.

Aquí donde estás, donde tus pies dan un paso, donde tus ojos se posan en cada palabra que leer, donde tus oídos están recibiendo mi voz, entrégate al momento y sé total aquí, sé total ahora, ¡vulnerable y receptivo a la vida, ya!

Sólo acéptate a ti mismo exactamente como eres.

Cuando era niña quería ser secretaria. Y ahora que lo logré, no me satisface. Me da seguridad financiera, pero a veces me pregunto si es lo que realmente quiero hacer por el resto de mi vida. Me siento confundida.

Sólo ríndete al momento. Sigue enfocándote en la conciencia, eligiendo el amor. Luego te vas a aclarar sobre lo que quieres.

Cuando comenzamos a estar fuera de la ilusión, comenzamos a cuestionarnos todo. Todo pierde su significado. Esto es porque estamos empezando a expandir nuestra conciencia. Luego, cuando se estabiliza, vas a encontrar tu camino y vas a tener claridad.

Durante el proceso, sólo tienes que ser gentil.

Las cosas van a cambiar. Van a cambiar dramáticamente.

Lo que sea que tengas que hacer, será muy claro para ti.

Sólo sigue rindiéndote al momento.

Para rendirte al momento, ánclate en el silencio del corazón y deja de buscar las respuestas en los dominios del intelecto.

En mi experiencia, cuando no tienes claridad, es porque la situación no ha madurado aún. Como en la naturaleza, cuando es el momento adecuado, las respuestas van a caer como una manzana en tu regazo.

¿Es tu verdad, la verdad absoluta?

¡Para mi sí!

Mi experiencia es la verdad de la unidad.

Pero otras personas que están en conciencia unificada tienen la misma experiencia y es su verdad también.

Una cosa muy importante para mí es no presentar mi verdad ni como un sistema de creencias ni como una tradición. Yo sólo comparto mi experiencia y permito que tú tengas tu propia experiencia. Yo puedo mostrarte como llegué a este punto, pero, en realidad, mi verdad no es importante. Es sólo la mía y es mi experiencia. Yo comparto eso, nada más. Lo que es verdaderamente muy importante, es tu propia verdad.

Tú puedes encontrar que mi verdad resuena con tu corazón.

Tal vez te inspira a seguir mis pasos.

Pero lo *verdaderamente* importante es *tu* propia verdad.

Yo sólo estoy interesada en quienes se enfocan en la realización total de la conciencia humana completa. Yo no quiero seguidores que me pongan en un pedestal, en lugar de encontrar la grandeza en sí mismos. Yo soy tú y tú tienes que tomar la responsabilidad de tu propio despertar.

Es muy fácil adorar a alguien para evitar tomar responsabilidad, pero todos tienen que realizar a Dios en sí mismos, encontrar su propia grandeza, su propia verdad.

Y estoy convencida de que cuando estés en conciencia unificada, ¡tu verdad va a ser como mi verdad!

¿Cómo defines a un Maestro Isha?

Los Maestros Isha están enfocados absolutamente en la iluminación. Hablan la verdad, sueltan los apegos, hacen todo lo posible para alcanzar la excelencia personal, y cuando salen a enseñar, comparten su excelencia con todos los demás.

Yo estoy enfocada en la excelencia. Yo podría coleccionar maestros. Yo podría tener doscientos o trescientos maestros, fácilmente. Pero tengo un sistema muy preciso y se requiere que mis maestros puedan sostener, en todo momento, a las personas en su propia grandeza. Y para poder hacer eso, ellos tienen que ser totalmente íntegros, tienen que ser totalmente transparentes, tienen que continuar siendo estudiantes y no tomar una postura arrogante de gran maestro.

Tienen que hacer esto por ellos mismos, por su propia libertad, por su propia iluminación.

Nada menos que eso. Y es entonces que, a través de su experiencia, pueden darles apoyo a otros y mostrarles el camino.

A mis maestros les toma un mínimo de dos años graduarse. Ellos tienen que ser excelentes; tienen que estar unidireccionados y enfocados totalmente en alcanzar la iluminación.

Esto requiere de un corazón valiente, y no es para muchos.

El nivel de conciencia en mi Centro es muy alto y si las personas no están realmente enfocadas, no duran mucho. Muchas personas no lo resisten y abandonan, se van, pero responsabilizan de esto al Centro, en vez de ver que no pudieron confrontar sus miedos y atravesarlos completamente.

Los espejos se han tornado tan claros, tan grandes, que es difícil. Pero también es la cosa más grandiosa que puedes hacer. Porque terminas el proceso sin miedo y despiertas al amor en todo.

Maravilloso, ¿verdad?

¿Puedes hablar de esos patrones de conducta que nos quedan grabados a fuego con nuestras madres?

La madre representa la primera separación porque ella es nuestro primer encuentro con la dualidad. Primero aprendemos a situar la necesidad afuera, a través de la experiencia con nuestras madres. Percibimos a nuestros padres como dioses y luego el tiempo pasa y se convierten en humanos. Comenzamos a imitar lo que ellos hacen, a creer en lo que ellos dicen y haciendo esto nos desconectamos de la fuente interna del amor. A medida que crecemos, esa separación aumenta más y más, hasta que perdemos totalmente el contacto con nuestro verdadero ser, con la conciencia.

Pero no es que nuestras madres hagan algo mal; ese es su trabajo, el crear la separación.

Esta es una ilusión de dualidad.

Nuestra sociedad está bajo la impresión de que el amor de las madres es incondicional. Pero no es verdad. El amor de madre está lleno de condiciones. ¡Todos nosotros estamos llenos de condiciones!

"*Yo te amaré si tú haces esto, esto y esto otro*".

Así es como funciona.

Y luego, con el tiempo, aprendemos las manipulaciones y los juegos que ellos aprendieron de sus madres, y el ciclo continúa.

Y no es malo, no hay nada equivocado, está sólo creando la ilusión. Está estableciendo el juego.

¿Nosotros creamos nuestros propios surcos cuando niños para poder atravesarlos?

Por supuesto. Tú creas tus surcos o patrones de comportamiento para tener esta experiencia.

Sin ellos no puedes experimentar la vida humana. Si estás experimentando conciencia pura, no hay miedo, no hay separación, no hay dualidad; sólo hay amor.

Así que para tener esta experiencia, creaste a miles de personas alrededor tuyo enganchándote dentro de un sueño. Un sueño que no es real, un sueño basado en la carencia, en la separación, en una variedad infinita. Inclusive dentro de los grupos, siempre hay separación: religiones, partidos políticos, equipos de fútbol, hay separación. Las personas siempre están en desacuerdo, siempre enfocados en las diferencias.

Experimentamos el amor, experimentamos el miedo. Experimentamos todo dentro de este sueño. Entonces, cuando unificamos nuestra conciencia, comenzamos a experimentar la perfección, porque podemos ver que esto es una ilusión; una ilusión basada en la dualidad.

Y la dualidad está creada por el intelecto, a través de la *"matrix"* de la mente. Si comienzas a observar, vas a ver que estás creando todo en cada momento con tus pensamientos o tus creencias. Pero a medida que expandimos nuestra conciencia, comenzamos a quebrar eso. Comenzamos a liberarnos de las adicciones y los apegos.

Érase una vez un hombre solitario que andaba por la vida buscando el amor y la felicidad. Lo había buscado en montañas, valles, desiertos y praderas, sin hallarlas. Un día, caminando por el bosque, observó a lo lejos la silueta de una ciudad. Inmediatamente sintió que ese era el fin de su búsqueda. Sintió una gran atracción por este lugar, estaba seguro de que en esa ciudad encontraría lo que tanto anhelaba.

Sin dudar, comenzó a caminar hacia ella. Después de haber caminado un rato, la ruta se tornó muy pendiente y rocosa. Cada vez caminaba más lento por el cansancio, pero siguió sin detenerse. Se hizo imposible seguir caminando, era demasiada la inclinación. Pensó en detenerse, pero no iba a hacerlo ahora, no estando tan cerca de lo que quería. Se preparó y comenzó a escalar. Se resbaló un par de veces, pero logró por fin llegar a la cima. Saltó de alegría al ver la ciudad más cerca.

Siguió corriendo con más ánimo, el camino se veía despejado. El hombre quedó sorprendido al llegar a un río. No podía creerlo, justo antes de su meta. Miró si había algún puente o bote para atravesarlo, ya que él no sabía nadar. Se sintió triste al no ver nada que lo ayudara. Se sintió desolado, no podía creer que esto le sucediera estando tan cerca. Permaneció llorando por un rato y de pronto se le ocurrió una idea: caminar río arriba hasta encontrar una manera de cruzarlo. Así lo hizo y después de varios días, encontró un caminito de piedras que le permitió atravesarlo.

Al llegar al otro lado, corrió sin detenerse a través de un bosque muy espeso; era lo último que tenía que hacer para llegar. De repente se estrelló con una muralla que rodeaba la ciudad. Tenía que escalarla. Sintió una frustración muy profunda. Sin embargo, descansó unos minutos y sintió que lo miraban con curiosidad. Giró su mirada y vio a una pequeña niña. Se acercó a ella y le preguntó: "¿Por qué hay tantos obstáculos para llegar a mi objetivo?" La niña inocentemente le respondió: "No sé. Esos obstáculos no estaban aquí antes. Los obstáculos los trajiste tú".

Otras técnicas que no son parte de tu sistema, ¿también ayudan a la expansión de la conciencia de la humanidad?

Claro que sí.
Tú eres el planeta.
Tú eres la conciencia.
No hay nada más que eso.
Cada vez que elijas el amor, estás elevando la conciencia de todos.
Porque tú eres todo.

¿Qué es la sabiduría omnisciente?

La omnisciencia viene de la conciencia.
Es la verdad.
Viene del corazón.
Yo hablo desde la omnisciencia.
Yo nunca pienso.
Ella sólo fluye.
Es conciencia.
Vas a comenzar a escucharla en ti mismo.
A medida que tu conciencia se eleva, vas a empezar a decir cosas y luego vas a pensar:
"¡Oh, eso fue claro!"
Es porque viene de tu corazón. Vas a comenzar a escuchar más y más claridad. Antes de despertar yo era muy clara y podía escuchar mi conciencia. Además de lo que podía sentir, yo podía oírlo, podía oír lo que estaba diciendo. Yo estaba hablando la verdad todo el tiempo y luego desperté y mi verdad era mayor. Y ahora con esta expansión, hay más, y más, y

más, y sólo sigue expandiéndose. Así que la conciencia sólo crea más omnisciencia y la creación sólo sigue siendo cada vez más grande.

¿Por qué se contrae la conciencia? ¿Por qué no sigue expandiéndose, simplemente?

Cuando estás expandido, estás más anclado en el amor y no estás tan en la mente; ésta no se mueve tanto. Luego te contraes y todo el miedo, la negatividad, el cuestionamiento y la dualidad aparecen. Cuando te has estabilizado en la conciencia, sólo atestiguas eso, porque los pensamientos están ahí, pero sabes que no son reales; sólo son pensamientos. Yo no soy mis pensamientos.

No hay nada que resolver. Sólo hay que ser. Sólo ser. Este es el truco de la mente: comparación, juicios, siempre tratando de entender. El intelecto no puede percibir la conciencia; tiene una idea, pero no tiene una experiencia pura. La conciencia es una experiencia pura; no hay preguntas en la conciencia. Es sólo ser. Como niños, ¿recuerdas cuando eras un niño? Yo recuerdo que solía hacerle perfume a mi madre y yo iba a conseguir pétalos de rosa de los arbustos, ponía agua en un jarro, lo agitaba y lo llevaba donde mi madre.

¿Puedes imaginarte haciendo eso ahora? ¡No! ¡Tiene que venir directo de Francia y ser de la mejor marca! Pero somos tan inocentes, tan lindos, estamos tan en el momento cuando somos niños. No pensamos. No estamos pensando en lo que está bien, lo que está mal:

"Este jarro no es muy hermoso para dárselo a mi madre..."

Tú no piensas, sólo eres. Y hay que volver a ese espacio de ser. Si sólo puedes parar y ser, hay tanta libertad.

Esta es una linda historia que representa lo que estoy hablando y se titula:

"El abrazo de un bebé"

Nosotros éramos la única familia con niños en ese restaurante. Senté a Eric en una sillita alta. Había gente sentada, almorzando tranquilamente y hablando. De repente, Eric chilló con regocijo y dijo:
"Hola"
Y dio un golpe con su manito sobre la mesa. Sus ojitos se arrugaron por las carcajadas que lanzó y su boquita sin dientes se desnudaba tras una sonrisa, mientras se retorcía de alegría.
Yo miré a mí alrededor y vi la fuente de su dicha. Era un hombre con pantalones anchos, con su cremallera a medio cerrar y con los dedos de sus pies que se asomaban de lo que quedaba de sus zapatos. Su camisa estaba sucia y su cabello, sucio y despeinado también. Los pelos de su cara eran muy cortos para ser llamados barba y su nariz era tan varicosa que parecía un mapa de carreteras.
Estábamos demasiado lejos de él para percibir su olor, pero estoy segura de que olía mal. Sus manos saludaban y se agitaban con las muñecas sueltas. "Hola, bebé; hola, grandote", dijo el hombre a Eric. Mi esposo y yo intercambiamos miradas: "¿Qué hacemos?" Eric continuaba riendo y respondió: "Hola".
Todos en el restaurante nos miraron, y luego miraron al hombre. ¡El anciano estaba incomodando a todo el mundo, e involucrando a mi bebé en esa situación!
Nuestra comida llegó y el hombre comenzó a gritar del otro lado del recinto: "¿Quieres un pastelito? ¿Conoces el juego de las escondidas? Oigan, miren, él lo conoce".
Nadie pensó que el anciano era lindo. Estaba obviamente borracho. Mi esposo y yo estábamos avergonzados. Comimos en silencio, todos, excepto Eric, quien seguía con su repertorio de admiración por el anciano, quien a cambio le respondía con sus lindos comentarios.

Finalmente terminamos de comer y nos dirigimos hacia la puerta. Mi esposo fue a pagar la cuenta y me dijo que lo esperara en el estacionamiento. El anciano estaba sentado entre la puerta y yo.

"Señor, sólo déjame salir de aquí antes de que él me hable a mí o a Eric", pedí yo.

A medida que me acercaba más al hombre, me di la vuelta tratando de evitar el aire que él pudiera estar respirando. Mientras yo hacía eso, Eric dobló mi brazo, extendiendo sus dos bracitos como en la posición de *"álzame"*. Antes de que pudiera detenerlo, Eric se había lanzado de mis brazos a los brazos de ese hombre.

De pronto un hombre viejo y oloroso y un bebé muy pequeño consumaron su amor y abrazaron su semejanza. Eric, en un acto de confianza, amor y entrega total, recostó su pequeña cabeza en el hombro andrajoso del anciano.

Los ojos del viejo se cerraron y vi lágrimas asomarse bajo sus pestañas. Sus manos llenas de mugre, grietas, dolor y trabajo pesado, acunaban a mi bebé y acariciaban su espalda.

No ha habido nunca dos seres que se hayan amado tan profundamente en tan poco tiempo. Yo me quedé pasmada. El anciano mecía y acunaba a Eric en sus brazos y sus ojos se abrieron y me miraron fijamente. Dijo, con una voz firme y dominante: "Cuide a este bebé". De alguna manera logré decir, "Lo haré", desde una garganta que tenía una piedra.

Él alejó a Eric de su pecho, despacio y amorosamente, como si le estuviera doliendo. Yo recibí a mi bebé y el hombre dijo: "Que Dios la bendiga señora, usted me ha dado mi regalo de navidad".

Yo no dije nada más que un susurrado agradecimiento. Corrí hacia el carro con Eric en mis brazos.

Mi esposo se preguntaba por qué estaba llorando y sosteniendo a Eric tan fuertemente y por qué decía: "Dios mío, Dios mío, perdóname".

Acababa de presenciar el amor de Cristo a través de la inocencia de un pequeño niño quien no vio ningún pecado, quien *no hizo ningún juicio; un niño que vio un alma y una madre que vio un poco de ropa. Yo era una cristiana que estaba ciega, sosteniendo a un niño que no lo estaba.*

Sentí que era Dios preguntando: "¿Estás dispuesta a compartir tu hijo por un momento?", cuando Él compartió al suyo por toda la eternidad.

El viejo hombre andrajoso, sin quererlo, me recordó que, "para entrar al Reino de Dios, debemos convertirnos en niños pequeños".

Algunas veces, necesitamos que un niño nos recuerde lo que es realmente importante. La ropa que llevas, el automóvil que manejas o la casa en la que vives no te definen para nada; tu verdadera naturaleza es mucho más grandiosa que todas las diferencias de superficie que percibimos y está más allá de todos los juicios, ideas y separación.

¿Qué es el inconsciente colectivo?

La experiencia humana es el inconsciente colectivo, porque toda la humanidad ha sido entrenada para enfocarse en el miedo, la protección y el control. Creemos que estamos separados el uno del otro.

La dualidad crea esta ilusión, para que en vez de enfocarte en el amor, la unión, la unidad, te enfoques en la separación. Pero hay sólo una mente consciente. Así que, a medida que elevamos nuestra conciencia, estamos elevando la conciencia de toda la humanidad y por esto, el mundo está comenzando a cambiar. La gente está comenzando a enfocarse más en el amor, porque un gran cambio espiritual está sucediendo y estamos comenzando a darnos cuenta de que las cosas que siempre hemos hecho no funcionan.

Siempre hemos hecho las mismas cosas: hemos peleado por el cambio, hemos ido a la guerra por el cambio. Estamos constantemente enfocados en nuestras diferencias en vez de en la unión. Y la gente está comenzando a darse cuenta de que primero tiene que encontrar la libertad dentro; tienen que amarse a sí mismos. Eso fue lo primero de lo que me di cuenta cuando comencé este proceso. Siempre estaba tratando de cambiar al mundo, pero ¿cómo puedo cambiar al mundo si no me amo a mí misma? Yo *soy* el mundo.

A medida que nos sanamos a nosotros mismos individualmente estamos elevando la conciencia de todos; de cada parte de nosotros mismos. Tú podrás notar que a medida que se eleva la conciencia, la gente dice:

"*pero hay tanta dualidad, ¡hay terrorismo y guerra!*"

Esto es normal, es muy normal. Mientras el amor aumenta, la "*matrix*" del intelecto, el miedo en el cual está basada la ilusión, comienza a pelear, tratando de mantener la dualidad.

Pero en la medida que continuemos elevando la conciencia, todo lo que vibra en un nivel más bajo, comienza a caer: la injusticia, la mentira, la falta de integridad; todo lo que no está basado en la conciencia comienza a caer. Las máscaras falsas de la sociedad comienzan a derrumbarse. Las personas comienzan a ser reales y a amarse a sí mismas exactamente como son.

Si observas la humanidad, verás como todos reaccionamos de diferente manera a las mismas situaciones.

El otro día, estaba sentada en un restaurante en Buenos Aires y afuera en la vereda, se encontraba un joven artista callejero.

Casi cada esquina principal de Buenos Aires tiene una gran variedad de malabaristas, bromistas, vendedores, limpiadores de vidrios y mendigos; lo que quieras, ellos lo tienen.

Siempre he admirado a la gente que crea arte para vivir. Ciertamente no es sencillo.

Este joven en particular tenía un acto muy elaborado. Él usaba bolas de cristal para sus malabares, las movía rápidamente sobre su cabeza y las rodaba por debajo de sus brazos, tras el ritmo de melodías exóticas que salían de su equipo de sonido. Las esferas de cristal se volteaban y rebotaban elegantemente en el aire, corriendo una detrás de la otra, mientras los rayos de luz del atardecer brillaban a través de ellas.
Era hipnotizante. El brillo de las esferas en el sol y su fragilidad, lo hacían más admirable, ya que había una posibilidad de que se cayeran. Su arte era muy delicado, su cara muy cómica, era un verdadero artista. Sankara lo asemejó a un pescador, tratando de enganchar a su público con la sutil seducción de un buen movimiento de la cuerda de la caña de pescar. La gente iba y venía, venía y se iba.
Cuando de pronto, una niña con discapacidad mental se acercó a mirar. Se paró justo frente a él, hipnotizada y con un gesto de tal regocijo en su cara... El joven jugó con ella de una manera muy amorosa y graciosa. Esta escena de tanta inocencia realmente cautivó al público y la multitud comenzó a reunirse más y más a su alrededor. Me dí cuenta de que la mayoría de las personas no ponían dinero en su caja. Pero la niña corrió donde su madre por una moneda. Su madre trató de que dejaran el lugar, pero la niña insistió en quedarse a ver la actuación y pagar al artista. Era una escena muy especial, ver su amor, su apreciación, su gratitud y su necesidad de dar. En realidad, ¡creo que ella era una de las personas más sanas allí! porque estaba viviendo completamente en su corazón.

Cuando me enojo es porque quiero cambiar algo, porque pienso que algo no está como debiera. Cuando las personas iluminadas se enojan, ¿por qué lo hacen si todo es perfecto?

Estás tratando de intelectualizar algo; lo estás pensando como una intelectual.

"Si todo es perfecto, ¿por qué se enojan?"
¿Y si es perfecto estar enojado o triste?
¿Y si todo es perfecto?
La única diferencia es que yo no me juzgo a mí misma.
Yo no me juzgo, porque sé que todo lo que hago es perfecto.
Si estoy enojada, es perfecto.
Si soy dulce, es perfecto.
Si estoy triste, es perfecto.
Porque es mi experiencia humana.
Algunas veces el amor más grande que puedo dar es estar enojada, porque quiebra el miedo, quiebra la limitación. La compasión puede ser feroz; te puede resultar chocante, porque te despierta y rompe la ignorancia.
Así que yo me enojo a menudo, a menudo sacudo a la gente, para que puedan ver donde pueden ser más.
Pero eso es amor.
Tienes la idea intelectual de que todo es perfecto, pero hasta que no sea tu experiencia, no será real; será sólo una idea. Y debes tener cuidado de no usar esa idea para justificar la limitación; para no permitirte ser más.
A menudo la gente usa mis enseñanzas como una justificación para ser limitados. Es fácil hacerlo, porque siempre hay dualidad, siempre. Yo les digo que están apegados, y responden,
"¡pero yo soy perfecto!"
Bueno sí, pero,
"¿estás haciendo una elección para ser más amor?"
Cuando somos inconscientes, eso es una cosa; pero cuando comenzamos a ser concientes de algo y continúas haciendo las mismas cosas, eso no es ser amoroso contigo mismo, eso es abandonarte. Así que cuando empezamos a ver los lugares donde nos limitamos, donde no estamos siendo un ciento por ciento, si seguimos haciendo las mismas cosas, nos estamos lastimando. Donde sea que tengas que mentir o tran-

sigir, te estás lastimando, porque no te estás amando exactamente como eres.

Había una vez, en un reino muy lejano, un rey orgulloso y arrogante. Era adicto al poder y odiaba pensar que pudiera haber alguien en el mundo entero más poderoso que él. Cada día le preguntaba a sus sirvientes y consejeros:
"¿Quién es la persona más poderosa en el reino?"
Los súbditos, con la cabeza baja, respondían:
"Usted, su majestad."
El tiempo pasó y un día, después de hacer su pregunta habitual, uno de sus sirvientes respondió tembloroso:
"Majestad, tú eres indudablemente muy poderoso, pero un nuevo mago ha llegado al reino y tiene poderes que nadie más posee: puede leer el futuro".
El rey estaba enfurecido y mandó a averiguar más sobre este mago. Sus mensajeros retornaron de todos los rincones del reino, con miles de reportes de sus súbditos. Al parecer el mago se había vuelto muy famoso y para disgusto del rey, la gente estaba sobrecogida por sus poderes mágicos. Los reportes hablaban de un viejo sabio amoroso, generoso y amable. ¡Nunca decían eso del rey! Todos estaban demasiado asustados de él para considerarlo un hombre amable o justo. Había gobernado su reino con crueldad y brutalidad, para así poder aferrarse desesperadamente a su poder.
El rey se llenó de celos y no podía dejar de pensar en el mago. Seguramente estos rumores no eran verdad, ¡nadie podía prever el futuro! Él decidió que tenía que hacer algo al respecto: odiaba sentir que alguien fuera más amado, más respetado de lo que él era y decidió usar su poder para exponer los fraudes del mago.
Después de mucho pensarlo, se le ocurrió un plan. Él invitaría al mago, como su invitado de honor, a un gran banquete en palacio. Luego, en todo el apogeo de la festividad, llamaría al mago al centro del salón y en frente de toda la

burguesía y la nobleza, le preguntaría si los rumores eran ciertos; si realmente podía ver el futuro. Si decía que no, todos se darían cuenta de que era sólo un hombre normal y su popularidad disminuiría. Y si decía que sí, el rey le haría otra pregunta, que era la parte más inteligente de su plan: le preguntaría si sabía qué día iba a morir. El mago le daría una respuesta; cualquier fecha, no importaba cual. Tan pronto como lo hiciera, el rey planeaba sacar su espada y matarlo en un instante. Al hacerlo, eliminaría a su enemigo para siempre y también probaría a todo el reino que el mago era un fraude y que no podía en realidad predecir el futuro.

Le ordenó a sus sirvientes que se prepararan para el festín; mandó las invitaciones y esperó alegremente la oportunidad de realizar su plan.

Después de la gran cena, el rey llamó al mago al centro del gran salón y mientras todo el reino miraba en silenciosa curiosidad, le preguntó:

"¿Es cierto que puedes leer el futuro?"

"Lo es", respondió el mago.

"¿Puedes ver tu propio futuro?" preguntó el rey.

"Sí, puedo", dijo el mago.

"Entonces, pruébalo" dijo el rey, triunfalmente, "Dime, ¿Cuándo vas a morir? ¿En qué fecha?"

El mago lo miró a los ojos con una pequeña sonrisa en su cara, pero no contestó.

"¿Qué pasa mago?" se burló el rey "¿No sabes la respuesta? ¿Admites ahora que realmente no puedes ver el futuro?"

"No es eso" dijo el mago "lo que pasa es que no me atrevo a darle la respuesta".

"¿Por qué no? ¡Soy tu majestad y te ordeno que me lo digas! Entonces, respóndeme. ¿Cuándo va a morir el amado mago del reino?"

Luego de un largo y tenso silencio, el mago lo miró y dijo:

"No puedo especificarle la fecha, pero sé que yo voy a morir exactamente un día antes que usted, su majestad".

El rey se congeló. Un murmullo corrió entre los invitados. Él siempre había desmentido las profecías mágicas como supersticiones ilógicas, pero esa noche, no mató al mago. En cambio, bajó los brazos y se quedó en silencio, perplejo. No sabía como responder.

"Su Majestad, se ve pálido. ¿Qué le sucede?" preguntó un invitado.

"No me siento bien" respondió el rey. "Voy a mi habitación, gracias por haber venido".

Y con un gesto confuso, caminó apresuradamente a su dormitorio.

El mago era astuto. Había dado la única respuesta que podía salvarlo de la muerte ¿Habría leído su mente? La predicción no podía ser cierta. Pero... ¿Y si lo fuera?... Estaba confundido... Se le vino a la mente que sería trágico que le pasara algo al mago camino a su casa.

El rey regresó y dijo en voz alta:

"Mago, eres famoso en el reino por tu sabiduría, te ruego que te quedes esta noche en el palacio, pues debo consultarte por la mañana sobre algunas decisiones reales".

"Majestad, será un gran honor" dijo el invitado con una reverencia.

El rey dio órdenes a sus guardias para que acompañaran al mago hasta su habitación y custodiaran su puerta asegurándose de que nada le pasara.

Esa noche el soberano no pudo dormir, su mente daba vueltas incesantemente, preocupándose de lo que podía pasarle al mago.

Temprano en la mañana, el rey golpeó en la habitación de su invitado. Nunca en su vida había pensado en consultar ninguna de sus decisiones, pero necesitaba una excusa. El mago, que era un nombre sabio, le dio una respuesta excelente a su *pregunta.* *El rey, casi sin escuchar la recomendación, le agradeció, lo alabó por su inteligencia y le pidió que se quedara una noche más, supuestamente para consultarle sobre otro asunto. Obviamente el rey sólo quería asegurarse de que nada le pasara, pero el mago aceptó.*

Las semanas pasaron y cada mañana, el rey iba hasta las habitaciones del mago para consultarle y lo invitaba a que se quedara otra noche. Con el tiempo, el rey comenzó a notar que los consejos del mago eran excelentes y comenzó aplicarlos en los requerimientos diarios de su mandato.

Pasaron meses y años. Y la sabiduría del mago se le empezó a trasmitir al rey. Se volvió más justo, dejando atrás su aire autoritario. Como resultado, la gente de su reino comenzó a amar y admirar su compasión y fuerza.

Ahora, cada vez que iba a tocar la puerta del mago, era como amigo y fiel estudiante.

Un día, años después de la fatídica cena, el rey de repente recordó sus intenciones iniciales con el mago. Lleno de vergüenza, de haber considerado matar a un amigo tan sabio y especial, resolvió no guardar más este secreto, y confesarle al mago su plan original.

El rey fue a la habitación del mago y golpeó a su puerta. Cuando éste apareció, el rey le dijo,

"Mi amigo, tengo algo que decirte que me avergüenza mucho".

Luego prosiguió a explicar los grandes celos que le habían hecho formular su plan y su fallido intento de matar al hombre que ahora era su amigo más confiable.

"Perdóname", añadió, cuando había terminado la historia.

"Ahora, cuando miro hacia atrás, agradezco a mi estrella de la suerte el no haberte matado, porque de haberlo hecho, hubiera perdido mi más fiel guía".

El mago sonrió y puso su mano sobre el hombro del rey.

"Como has sido tan honesto conmigo, pienso que es hora de que yo sea honesto contigo".

"Debo confesarte que inventé esa ridícula historia de que tú morías un día después que yo, ¡para enseñarte una lección! Vamos por la vida rechazando y resintiendo aspectos de los otros y de nosotros mismos, que si sólo les diéramos una oportunidad, podrían volverse nuestros mejores aliados. Tu muerte, querido amigo, no llegará ni antes ni después del día que esté destinada. No depende de ninguna manera de la fecha de mi partida final".

El rey y el mago se abrazaron; alegremente celebraron el fuerte lazo de la confianza que ahora los unía.

Misteriosamente, el mago murió esa noche durante el sueño.

El rey se enteró de la mala noticia y estaba desolado. El pensamiento de su propia muerte ni siquiera cruzó por su mente. Estaba simplemente triste, por la muerte de su amigo.

Qué coincidencia extraña, que el rey hubiera podido confesarle finalmente su secreto justo antes de su muerte.

El rey cavó la tumba del mago con sus propias manos, al final del jardín. Enterró allí su cuerpo y el resto del día se quedó llorando a su lado, como si estuviera de luto por la muerte de su pariente más amado.

Cuando cayó la noche, el rey finalmente se fue a la cama.

Esa misma noche, exactamente veinticuatro horas después de la muerte del mago, el rey murió mientras dormía.

Quizás por casualidad...

Quizás de dolor...

O quizás como un último homenaje a la profunda sabiduría de su maestro.

¿Cómo afecta la expansión de la conciencia a alguien que está tomando antidepresivos?

Cuando mis estudiantes comienzan el proceso de sanación, a aquellos que toman medicación, yo les digo que no dejen sus antidepresivos o pastillas, sino que gradualmente de acuerdo a la indicación de su médico se irán haciendo los cambios. A medida que sanen y liberen las emociones que se encuentran acumuladas en el sistema nervioso, irán sucediendo.

El problema con los antidepresivos es que no sanan nada; sólo enmascaran los síntomas. Son como cualquier otra droga, con las que puedes negar tu realidad hasta la eternidad, pero cuando finalmente decides volver a ti mismo, vas a confrontarte con aquello que tanto te esforzaste por evitar.

La depresión está causada por las expectativas y los apegos. Nos han hecho creer que para ser felices, las cosas deben verse de una determinada manera. Algunas veces el pelear con la forma en que las cosas son, nos lleva a este lugar de inconformidad y depresión.

La mayoría de estas situaciones son provocadas por una acumulación de rabia, abandono y tristeza. De esta forma, la depresión se manifiesta tanto en una condición física, como en un estado mental.

Algunas personas están muy apegadas a estar deprimidas. ¡Les encanta ser miserables! Es como una canción que estaba escuchando el otro día…

"Sólo estoy contento cuando llueve, sólo estoy contento cuando es complicado. ¿Quieres saber mi nueva obsesión? Volar alto con esta profunda depresión.

Sabes que me encanta cuando hay malas noticias, oh, ¿por qué se siente tan bien estar triste?".

Y muchas personas son así. Viven de la intensidad que tienen las emociones en la depresión.

La buena noticia es que cuando sanas la separación de ti mismo a través de la expansión de la conciencia, la depresión no existe más. La adicción al sufrimiento desaparece y encontramos paz y dicha interior. Luego nos reímos de nuestras viejas adicciones y nos maravilla que pudimos sumergirnos tanto en algo tan ilusorio.

Todos tenemos adicciones; todos tenemos muletillas. Podemos ser adictos a las relaciones, a las posesiones materiales, a las drogas, a cualquier cosa. No estoy diciendo que sean malas, pero a medida que tu conciencia comienza a expandirse, todas tus adicciones van a comenzar a caerse naturalmente.

Si estás tomando antidepresivos, a medida que tu conciencia se expande, vas a sanar la adicción y las dejarás de tomar eventualmente. Sólo tienes que ser conciente. Observar tus hábitos, hasta que puedas ver por qué siempre los eliges.

Nuestras respuestas son tan mecánicas. Cuando solía ponerme ansiosa, fumaba un cigarrillo, tomaba un trago o corría al refrigerador. Yo tenía una lista de respuestas automáticas. Cuando sientas la necesidad de responder a esos viejos hábitos, sólo detente un momento y siente lo que está sucediendo. Yo no estoy diciendo que tengas que luchar contra la adicción, pero sé conciente de ella.

No se trata de ser agresivos con nosotros mismos, es sólo volvernos concientes de nuestras acciones.

Yo estoy muy comprometido con mi crecimiento interno. Hago todo lo que puedo para expandir mi conciencia, pero algunas veces siento que no avanzo. Me cuesta mucho conectarme con mis emociones y eso me hace pensar que no estoy creciendo. ¿En realidad me estoy sanando?

Si estas así de comprometido, es imposible que no estés sanando muy rápidamente. Lo más importante es el deseo. Si quieres crecer, inmediatamente te abres a ver donde te estás limitando.

Algunas personas son muy emotivas. Otras, al comienzo no lo son, luego pueden comenzar a conectarse con emociones, o no; depende del individuo.

Uno de mis maestros iluminados tenía problemas conectándose con sus emociones. Él es inglés, así que era obvio que emocionalmente, ¡no había esperanza! Pero era muy enfocado. Ahora está despierto. Nunca sintió muchas emociones, pero tenía el deseo de ser un ciento por ciento. Ahora, algunas veces tiene emociones, pero no es completamente emocional, no como la mayoría de la comunidad latina, por ejemplo. Todos tenemos un sistema nervioso único, depende del individuo.

Es muy importante no comparar tu proceso con el de los que se encuentran a tu alrededor. La gente es tan diferente...Enfócate en ti mismo. Algunas personas son excesivamente emocionales y otras son completamente cerradas. Sólo sé conciente y lo que sea que tengas que sentir va a aparecer naturalmente. Muchas personas me han preguntado lo mismo y ¡luego lloraron durante un mes! No hay ninguna regla establecida.

Muchas personas a las que amo mucho, incluyendo miembros de mi familia, me juzgan por mi búsqueda espiritual. Ellos no me entienden, ni me apoyan en mi crecimiento. Yo me doy cuenta de eso cuando estoy a su alrededor, estoy viviendo una frustración: si hablo mi verdad, hay conflicto y desaprobación; si miento, aunque todo fluye más fácilmente, no puedo vivir conmigo misma.

Tienes que desapegarte. No me refiero a que tengas que distanciarte de tu familia; sólo deja de depender tanto de lo que ellos piensen.

Tú los amas, ellos te aman; no importa si están de acuerdo o no. Obviamente estás muy apegada a su aprobación, eso es lo que necesitas soltar. Luego los vas a amar incondicionalmente, exactamente como son, sin importar sus ideas u opiniones.

La ironía es que cuando te amas incondicionalmente, te van a comenzar a mostrar eso.

Cuando comenzamos a expandir nuestra conciencia, se comienzan a caer los juegos y manipulaciones que tienen todas las familias. Todos tenemos formas de manipularnos unos a otros, de jugar el papel de víctima para obtener lo que queremos. Cuando pares de caer en esos juegos, los otros miembros de tu familia van a comenzar a sentirse nerviosos, porque se van a dar cuenta de que están perdiendo el control. Eso es miedo: tienen miedo de que puedan perder tu amor.

Algunas veces vas a experimentar conflicto, pero a medida que continúes elevando tu conciencia y te tornes más sólida contigo misma, ellos van a dejar de jugar sus juegos y comenzarán a espejarte tu solidez.

Cuando algunos Maestros Isha decidieron hacer el entrenamiento, sus familias entraron en pánico.

"¡Oh! esa es una secta".

Pero cuando la persona se aclara, la familia comienza a apoyarlos. Cuando yo cambio, todo cambia a mi alrededor.

Enfócate en ti mismo: en unificarte, en amarte a ti mismo, en ser real. No en juzgarte o cuestionar tu comportamiento. Sólo confía en ti mismo y todo va a cambiar. Va a ser perfecto: va a haber mucho más amor, porque va a ser incondicional.

El otro día, de pronto comencé a sentir las emociones de la gente que estaba a mi alrededor. ¿Esto sucedió porque somos todos uno? ¿Están sólo detonando mis propias emociones o estoy sintiendo en realidad las de ellos?

Cuando yo pongo mi atención en alguien, puedo sentir sus emociones moviéndose. Las siento, pero no me afectan: no me siento triste; no me siento enojada. Yo sólo siento lo que está sucediéndole a esa persona, porque yo ya lo he removido de mí misma. Si sientes tristeza en esa persona y te hace sentir triste, es tu tristeza.

Algunas personas son muy buenas viendo lo que están sintiendo las personas a su alrededor. Yo siempre estuve muy conciente de lo que le sucedía a las otras personas, pero cuando me iluminé, la experiencia cambió drásticamente.

Hay una diferencia. Algunas personas son muy sensibles a lo que los demás sienten por naturaleza; pueden verlo. Pero mi experiencia es a través de mi unión, de mi unión con todo.

Yo tengo muchos hábitos negativos. Cuando me siento mal tomo pastillas para dormir o una botella de vino, lo que me afecta peligrosamente por mi medicación. He tratado de parar mis adicciones, pero son muy fuertes. Si continúo expandiendo mi conciencia, ¿se van a sanar automáticamente?

Todo va a cambiar naturalmente. Deja de poner tanto foco en lo que piensas que está mal.

Eso no significa que ignores tus adicciones completamente; mantente conciente de ellas y enfócate en estar más conectada con lo que sientes a cada momento. Pero no seas dura contigo misma. El proceso de sanación sucederá naturalmente.

Sé gentil, enfócate en apreciarte a ti misma. Tú estás buscando, tienes el deseo de sanar. ¡Eso es fantástico! Mira lo lejos que has llegado y todo lo que has cambiado, en vez de enfocarte en lo que falta.

Alábate a ti misma, en vez de pensar en lo que *deberías* estar haciendo. Esto viene de la violencia y no te sirve.

No hay nada malo contigo.

Nada.

Tú dices que la conciencia se está elevando, pero ¡yo pienso que el mundo moderno está en un nivel terrible! ¿Cómo explicas eso?

Cuando observo al mundo, veo que donde sea que no hay verdad, comienzan a emerger las mentiras y la corrupción. Es un proceso de sanación.

Yo veo muchas situaciones donde la gente piensa que está bien mentir, que está bien robar, porque ha sido su modo de vida por tanto tiempo. Pero a medida que la conciencia se eleva, estas cosas van a desaparecer, porque están todas basadas en miedo. Sentimos la necesidad de mentir y robar cuando estamos tratando de proteger algo, cuando percibimos escasez, o cuando sentimos que necesitamos defender nuestra imagen.

Todas estas cosas son ilusorias y están comenzando a cambiar.

¿Cómo puedo saber cuando me estoy abandonando a mi misma?

Es fácil ver cuando te estás abandonando a ti misma.

Cuando haces algo que realmente no quieres hacer, cuando no lo haces desde un lugar de dicha o lo haces para recibir aprobación, te estás abandonando a ti misma.

Cuando mientes, te abandonas a ti misma.

Cuando escondes lo que realmente estás sintiendo, te abandonas a ti misma.

Nosotros siempre sabemos cuando nos abandonamos a nosotros mismos, pero a medida que nuestra conciencia crece, nos damos más y más cuenta de esto. Comenzamos a amarnos más a nosotros mismos, hasta que se torna insoportable no ser vulnerable, no mostrarnos exactamente como somos. Luego comenzamos a hacer elecciones diferentes.

Nosotros sabemos cuándo lo hacemos.

Es cuestión de si quieres verlo o no.

¿Cuando alguien muere, se ilumina automáticamente?

¿Y si nadie nunca muere?

¿Y si la única cosa que existe eres tú?

Nada muere. Nadie se ilumina. Tú *eres* eso.

Todo es tu conciencia, aunque percibas todo como separado. Si alguien muere, abraza eso dentro de ti mismo: tú eres eso.

No se trata de otro aspecto alcanzando la iluminación; esta ilusión existe sólo para ti.

Para el intelecto, lo que estoy diciendo no tiene ningún sentido, porque hemos visto morir a la gente. En esas situaciones experimentamos la pérdida, pero en realidad, no estamos perdiendo nada, estamos abrazando otra parte de nosotros mismos que ya no está más en el afuera.

Yo sé que esto es difícil de entender.

Algunas veces cuando experimentas la muerte de un ser amado, después de un tiempo te comienzas a dar cuenta de que la persona que "perdiste" está en realidad dentro tuyo; que tú *eres* esa persona y que ese amor está siempre presente.

Todo esto es una ilusión. La única cosa que existe eres tú.

Lo que estoy hablando es el próximo paso. Si escuchas a otros maestros, ellos siempre explican las cosas desde la dualidad, para que la gente pueda entender.

Osho, por ejemplo, explica la muerte de una manera diferente. El dice que cuando un niño nace y deja la seguridad del vientre, desde el punto de vista del niño, se siente como una muerte. Seguro dentro del vientre, se siente perfectamente vivo y envuelto en amor incondicional. De repente, todo comienza a moverse. Su pequeña cabeza es aplastada y antes de que se dé cuenta, es arrojado a este mundo grande y frío. Alguien vestido de blanco lo golpea en la espalda y de pronto está dependiendo de todo el mundo, totalmente perdido y desesperanzado. Para el bebé, se siente como una pérdida, pero para la familia, es un nacimiento.

Cuando Osho usó este ejemplo, estaba explicando la muerte en términos de dualidad, para que fuera comprensible para el intelecto.

Yo no uso más la terminología de dualidad. Por eso es tan difícil de entender lo que yo digo.

Los tiempos han cambiado; este es el siguiente paso. Aunque tu cabeza no entienda, mis palabras van a tocar tu corazón. Cuando escuchas la verdad absoluta, una semilla es plantada profundamente dentro de ti, creando espacio para más conciencia.

Yo siempre hablo la verdad absoluta, mi verdad. Yo no presento las cosas en una forma en las que van a ser comprendidas fácilmente; yo sólo digo mi propia verdad.

La mayoría de las cosas que enseño son muy sencillas, muy directas y prácticas, pero hay un aspecto de mi enseñanza que sólo puede ser percibido a través de la conciencia.

Todo lo que puedes hacer es escuchar; pero hasta que esto se convierta en tu experiencia, no vas a comprender completamente.

Después vas a decir:

"¡Oh! ahora entiendo".

Antes de despertar, tenía muchas ideas espirituales y estaba convencida de que todas eran verdad. Yo creía las palabras de todos los maestros, yo creía todo; era muy inocente.

Cuando desperté, la primera cosa de la que me di cuenta fue que ninguna de mis ideas era verdad.

Me di cuenta de que esto era sólo un gran juego y que yo había creado todo. ¡Era un gran truco que me estaba jugando a mí misma! Estaba buscando a Dios; estaba buscando las respuestas, pero yo era Dios; yo era la respuesta, ¡todo el tiempo! El tiempo y el espacio eran mentira; el miedo nunca ha existido. Todo era totalmente ilusorio.

Yo me quedé de pie, con la boca abierta.

"¡Oh, Dios mío, yo soy todo!

¡Oh, Dios mío, yo estoy creando todo esto!

Es sólo una historia.

Todo es sólo un gran juego".
Es sólo un gran juego. ¡Es el juego más grandioso que existe!
Es increíble.
Es Dios, convenciéndose a sí misma de que es limitada, de que es pequeña.
Que hay algo que obtener,
algún lugar donde ir,
algún código que descifrar.
No hay lugar adonde ir. Se trata sólo de ser más amor y crear dentro de la ilusión.
Ser amor y divertirse.
Al principio ¡parece que nos gusta sufrir! Cuando finalmente nos cansamos del sufrimiento, despertamos del sueño. Luego seguimos viviendo esta experiencia humana, pero sin miedo.

¿Cómo está la riqueza material relacionada con la expansión de la conciencia? Todos necesitamos dinero para vivir...
La gente piensa que el dinero es especial. No lo es, es sólo energía. Una vez que sueltas el miedo, le permites fluir naturalmente.
Tenemos tantas creencias falsas alrededor del dinero. Depende de donde naciste, el prestigio social de tu familia y el estatus económico.
Nosotros tenemos mucha culpa relacionada con el dinero; tenemos tantas creencias y juicios que impiden el fluir natural de nuestra riqueza material. Tanto conflicto.
El dinero es sólo energía.
Es sólo amor.
No es limitado.

Es ilimitado.

Los pensamientos basados en el miedo son los que detienen la fluidez. Vas a encontrar que a medida que tu conciencia se expande, los pensamientos comienzan a desvanecerse y todo cambia.

En mi experiencia, las personas adineradas son siempre adineradas. Puedes quitarles todo el dinero, pero siempre va a regresarles, porque están acostumbrados a eso; están habitualmente enfocados en la abundancia.

Por otro lado, si alguien nunca ha tenido dinero, le puedes dar mucho dinero; pero se las van arreglar para perderlo de alguna manera, porque están habituados a enfocarse en la carencia.

Yo vengo de una familia con muchas comodidades; todos vivíamos bien. Mi madre apoyaba a muchos niños a través de *WorldVision*. Ella patrocinaba niños de todo el mundo y siempre estaba donando a diferentes organizaciones. Yo recuerdo que ella solía decirme:

"Es bueno tener dinero, pero no es bueno tener mucho".

Yo solía mirarla, perpleja. No entendía. Ella tenía esta idea socialista, que si tenías dinero, se lo tenías que dar a todo el mundo. Eso no está mal; está bien, pero ¿puedes ver que la idea de que el dinero debería ser distribuido equitativamente es un sistema de creencias?

Si vienes de una familia muy adinerada, tu sistema de creencias va a ser exactamente lo opuesto:

"¡Nunca puedes tener demasiado dinero!"

O si tu familia es muy pobre:

"Nunca vamos a tener nada de dinero".

Sólo son sistemas de creencias.

Mientras más puedas soltar y confiar, más rápido todo comienza a fluir.

La mayoría de los Maestros Isha no tenían dinero cuando decidieron hacer el entrenamiento de maestros.

La primera cosa que les dije fue que si realmente querían hacer este proceso, tenían que crear los medios para hacerlo.

¡Todos lo crearon! La mayoría comenzó con nada, pero se enfocaron en lo que ellos querían, caminaron a través de sus miedos y comenzaron a crear.

El dinero es sólo una energía, como todo lo demás. Es ilimitado. Sólo tienes que seguir soltando las limitaciones y la culpa.

Dentro del catolicismo, existe la idea de que el camino al cielo es a través de la pobreza. ¡Pero la iglesia católica es la más rica del mundo! Yo no estoy criticando eso; me parece que es una cosa genial, pero es un claro ejemplo de la dualidad de todos los sistemas de creencias. Sólo necesitas observar y preguntarte a ti mismo:

"¿Es eso verdad o es sólo otro sistema de creencias?"

Algunas veces estoy segura de saber lo que es mejor para mí, pero las cosas no funcionan de esa manera. ¿Es porque estoy creando desde mi corazón y mi intelecto está tratando de meterse en el camino?

Yo creo muchas cosas diferentes. Algunas de las cosas que creo se ven terribles, pero sé que son perfectas.

Si tengo un deseo, lo mando al universo, y luego lo suelto. Yo confío en que, lo que sea que venga, va a ser perfecto. Luego, al abrazar todo a cada momento, me convierto en más amor.

Yo no deseo cosas con apego, porque yo sé que la única cosa que me trae plenitud absoluta es mi conciencia.

Mi foco está siempre en mi conciencia. Todo lo demás es como mi campo de juegos, pero no estoy apegada a eso; no estoy apegada a que se vea de una determinada manera. Yo sé que todo lo que viene a mí es perfecto, que todo es solamente amor.

La ilusión cambia todo el tiempo. La gente me ha robado, pero yo no sufro. Yo no pienso:

"*¡Oh!, es tan injusto*".

Es sólo otro aspecto de la dualidad.

Hay miles de personas que me aman; estoy segura de que hay muchas que no.

Se trata de cómo estoy en este momento, con nada más que el amor y la conciencia.

La ilusión de dualidad puede cambiar en un instante. No hay estabilidad permanente afuera de ti.

Tú estás siempre creando lo mejor, ser más amor; experimentar más libertad.

Tienes que soltar la idea de cómo luce la felicidad.

Te vas a dar cuenta de que siempre pospones tu felicidad para un momento futuro:

"*Cuando pueda pagar una casa más grande.*
Cuando me encuentre un mejor marido.
Cuando los niños crezcan.
Cuando me retire".

¡Siempre en un momento futuro!

Lo que es importante es como estás en este momento. Si estás enfocado en la conciencia, vas a experimentar perfección, ahora, en este momento.

Tú siempre creas exactamente lo que necesitas, en cada momento. Puede que no crees exactamente lo que *quieres*, pero vas a crear exactamente lo que necesites, siempre.

¿Cómo se siente la iluminación?

El aspecto más increíble es la experiencia de amor. Se mueve en todo y experimentas ser eso todo el tiempo.

Tú sabes que eres todo y no experimentas más la separación. Ves a través de la ilusión: te das cuenta de que todo esto es tu propia creación.

Ves el amor en todo:
Las paredes,
el piso,
en todos,
en todo.

Percibes la perfección dentro de la ilusión de la dualidad, en vez de siempre enfocarte en lo que está mal y compararlo todo.

Otro aspecto asombroso es el liberarse del miedo. Vivir sin miedo es magnífico.

En la iluminación, experimentas un amor gigante, perfección infinita y confianza absoluta en ti mismo.

Yo confío en mí completamente, en cambio antes, siempre dudaba. Inclusive cuando tenía certeza absoluta sobre algo, pensaba,

"¡Oh!, tal vez estoy equivocada..."
Pero la conciencia confía en sí misma.

La verdadera magia de la iluminación está más allá de las palabras, porque está más allá del intelecto.

Es maravilloso despertarse cada día; esa nunca fue mi experiencia. Nunca.

Yo solía despertarme sintiéndome feliz algunos días, pero no siempre. Solía experimentar miedo, solía tratar de controlar todo; ya no tengo que hacer eso más. Puedo hacerlo, y algunas veces lo hago, pero no tengo que hacerlo, porque mi seguridad no depende más de eso.

¿Podemos todos alcanzar la iluminación?

Claro, pero se necesita un corazón valiente para lograrlo.
Tienes que caminar hacia lo desconocido.

La expansión de la conciencia siempre requiere un paso de fe. Tú das el paso y luego recibes la recompensa. No hay garantías. Tienes que estar dispuesto a saltar al vacío, a la nada, y soltar todo lo ilusorio.

No me refiero a que tengas que comenzar a dejar tus posesiones, pero tienes que soltar el apego a ellas.

Para alcanzar la iluminación, la conciencia tiene que ser más importante que todo para ti: debe tornarse en un foco unidireccionado.

La ironía es que cuando sueltas tus apegos, lo recibes todo. Normalmente tenemos cajitas pequeñas a las que nos aferramos con todas nuestras fuerzas. No podemos recibir nada más, porque toda nuestra energía se está gastando en proteger lo que tenemos. Cuando abrimos nuestras cajas, nos abrimos a recibir.

El universo quiere darte todo; sólo tienes que abrir tus brazos. Cuando lo haces, lo que recibes es ilimitado. Sólo sigue viniendo.

¿Cómo abrimos nuestras cajas?

Imagínate por un momento que eres un pez de colores. Vives en una pequeña pecera con agua, nadando alrededor y alrededor todo el día. Los límites de la pecera son los límites de tu realidad. Para ti, no hay nada más que el agua en la pecera.

Un día a tu joven dueño se le antoja tirarte por el inodoro. Eres arrastrado hasta los alcantarillados y arrojado al océano. Te encuentras en un mundo nuevo y fascinante, tan alejado de los confines de tu pecera, nunca pudiste imaginarte algo tan grande y majestuoso.

De repente, tú percepción de ti mismo y de la realidad cambia completamente.

Nuestro intelecto forma los bordes de nuestra pecera. Nuestra percepción de la realidad está tan distorsionada, que sólo percibimos una pequeña fracción de la vida.

Es sencillo abrir nuestras cajas. A medida que la conciencia se expande, todos los bordes se caen.

La conciencia ignora las paredes de limitación. Enciende luces en todo lo que te mantiene en la ignorancia.

Cuando veas que te estás aferrando a algo, sólo suéltalo y todo continúa expandiéndose.

Las cajas siguen y siguen agrandándose, hasta que se convierten en todo.

A medida que tu conciencia se eleva, se torna más y más complicado resistir la expansión; el sufrimiento causado por nuestras limitaciones se vuelve demasiado obvio para ignorarlo.

¿Qué pasa con la mente cuando te iluminas? ¿Sigues teniendo pensamientos?

Obviamente, tu mente continuará funcionando; es un aspecto fundamental de nuestra experiencia humana.

En cuanto a las creencias limitantes y los patrones de pensamiento negativo, éstos no se van completamente.

La diferencia es ésta: antes de la iluminación, piensas que eres tus creencias; piensas que eres tus pensamientos y tus emociones. Después de la iluminación, atestiguas tu experiencia humana, así que no tiene más poder sobre ti.

Los pensamientos van seguir estando ahí, pero la conciencia es mucho más grande, solamente los observa.

¿Cómo puedo confrontar mis miedos entre los confines de mi rutina diaria? Todos los días son exactamente iguales. Algunas veces me siento atrapada por tanta monotonía.

Vas a ver las cosas que no le sirven a tu crecimiento, a pesar de tu rutina diaria.

Vas a comenzar a estar más conciente de tus miedos. Cuando te des cuenta de alguno, camina hacia él y va a desaparecer.

Sólo sé conciente y mantente dispuesta a ver dónde te estás limitando a ti misma. Y cuando lo veas, haz una nueva elección. No uses tus actividades cotidianas como una distracción para tu crecimiento. Es muy importante estar conciente todo el tiempo.

Cuando yo vivía en Australia, estaba siempre muy, muy ocupada. ¡Estaba ocupada evitando mirarme a mí misma! Me enfocaba en ayudar a otros o en ser exitosa, porque no quería estar ahí, conmigo misma.

La mayoría de la gente tiene una vida diaria monótona, ¡pero la mayoría tiene los mismos miedos! La rutina no va a limitar tu capacidad de verlos. Todo lo que necesites soltar va a ser muy claro para ti.

Tú me dices que sea más vulnerable. ¿Cómo puedo lograr eso?

Siendo real y aceptando cada aspecto de ti mismo.

Tenemos tantas ideas de cómo debiéramos comportarnos. ¡Tenemos esta idea falsa de que debiéramos comportarnos como santos! Hay partes de nosotros mismos que tratamos de ignorar completamente: los celos, la rabia, el resentimiento; juzgamos todas esas cosas como malas.

Todas estas cosas las hemos creado por nuestro propio abandono; tienen que irse si quieres experimentar amor por ti mismo.

"Para ser divino, tienes que estar dispuesto a ser ciento por ciento humano".

Tienes que estar dispuesto a lucir estúpido.

Tienes que estar dispuesto a expresar tus miedos más profundos.

Ser completamente real y amarte exactamente como eres.

Cuando haces eso, todas las partes que juzgas se van a ir naturalmente porque no son reales.
Están basadas en el miedo.
Permítete ser completamente humano.
"¡Oh, estoy celoso! Me da celos que alguien te guste más que yo... Me da celos que tengas un carro mejor que el mío... Me molesta eso... Toda mi vida, todo lo que he hecho es servirte...".
Sé real. Es tan importante ser honesto contigo mismo y reconocer lo que estás sintiendo. Sólo expresa lo que estás sintiendo y luego se va.
Cuando se va, no te va a afectar más. No porque te vuelvas insensible, sino porque estás tan anclado en ti mismo, que es sólo como sentir el viento en tu cabello.

A menudo me da miedo herir los sentimientos de los demás al decirles lo que pienso. ¡No todo el mundo entiende la importancia de la expresión para el crecimiento!

Te voy a contar mi experiencia.
Mi madre era una gran manipuladora, ¡al igual que yo!
Yo era la reina de la manipulación.
Cuando paré, comencé a ser real. Yo comencé a decir exactamente lo que quería, expresaba cómo me sentía. Al principio, la gente alrededor mío se sentía desorientada: se sentían amenazados, porque comenzaron a perder el control. Pero luego eso cambió. Mi madre siguió tratando de manipularme por poco tiempo y luego también paró.
Eso cambia perfectamente. Sólo necesitas confiar. No puedes lastimar a nadie.
¡No puedes lastimar a nadie!

¿Por qué el amor produce miedo? Yo te oí decir una vez, que al iluminarte, la gente comenzó a tenerte más miedo, debido al amor.

El amor es la cosa a la que más le tememos, de la cual desconfiamos más que nada.

El amor incondicional no puede ser controlado ni manipulado, porque no depende de una determinada respuesta. No tiene condiciones.

Esto produce miedo. Perder el control causa miedo.

Yo sirvo de espejo a las personas donde ven reflejados aspectos de ellos mismos que no quieren abrazar o que no aceptan: donde están siendo pequeños, limitados o se están abandonando a ellos mismos.

Estas limitaciones son lugares de comodidad, así que cuando les reflejo estas cosas a las personas, se asustan. En realidad, las personas no quieren verse a sí mismas como son. Les gusta quedarse atrapados en limitación e ilusión.

Yo era muy niña cuando mi madre me dijo que era adoptada. La noticia me hizo entrar en pánico y algo dentro de mí se congeló.

El choque de la situación fue tal, que generó una respuesta física automática: comencé a protegerme del amor. Decidí que no podía confiar en nadie, porque la gente que me amaba me mentía. Y comencé a esperar eso de cualquiera que me demostrara afecto, rechazando a todo el que se me acercaba demasiado.

Hasta ese momento, yo siempre había sido una niña muy afectuosa e inocente. Pero después, comencé a evitar todo contacto físico. Me sentía incómoda cuando alguien trataba de abrazarme; odiaba que me tocaran de cualquier manera.

Para escapar de eso, me creé mundos fantasiosos donde me perdía por horas, rodeada por el vasto mundo animal de mi imaginación. Ahí, los animales me hablaban; ellos eran los únicos en cuyo amor realmente confiaba. Desprovisto de seres humanos, ese mundo se convirtió en mi lugar favorito. Andaba sola por horas, en las afueras de la ciudad, en busca de mis amigos animales, a menudo escapando durante la noche, en la aventura de encontrar otro mundo.

Aunque las circunstancias puedan diferir, todos hemos atravesado este choque inicial de abandono y desilusión en nuestras vidas. Este crea el sentimiento de separación, para que podamos tener esta experiencia humana. Luego, cuando maduramos, nos encontramos frecuentemente escogiendo relaciones que crean la misma respuesta. Es como si estuviéramos procurando probar eternamente que realmente no merecemos amor; que no somos suficientemente buenos para recibirlo.

A menudo la pareja "ideal", alguien en quien realmente puedes confiar, que te apoya y ama incondicionalmente, sería la primera persona que rechazarías. Te sentirías más atraído por alguien que estuviera fuera de tu alcance, alguien en quien nunca pudieras confiar, que no estuviera abierto a recibir tu amor y que fuera incapaz de amarte.

¿Te suena familiar?

Siempre fue mi experiencia.

Cuando regresamos al amor, a nosotros mismos, nos tornamos más abiertos a *ser* amados. Luego, finalmente, podemos soltar esas respuestas debilitantes y de autoabandono, que tan a menudo han controlado nuestras vidas.

¿Cómo puedo abrazar cosas nuevas en mi vida?

Estamos tan identificados con nuestras pequeñas cajas que pensamos que lo que sea que haya dentro de ellas es lo que somos.

En realidad, somos todo. No hay nada que no seamos nosotros.

Sólo permanece abierto. Donde sea que tengas un *"no"*, tienes una resistencia que te impide fluir naturalmente. Siente la emoción que te causa el *"no"* y sólo síguete abriendo más y más, porque la resistencia es una protección basada en el miedo.

Durante mi entrenamiento de maestros, tuvimos un período de "ser espejos". Teníamos que pasar veinticuatro horas al día con nuestro "espejo", otra persona en el entrenamiento escogida al azar.

Si tu espejo se paraba para ir al baño, tú ibas con él. Si iba a buscar algo de comer, también ibas. Adonde fuera que uno se moviera, el otro iba detrás. Yo fui súper "afortunada", porque ¡estaba "siendo espejo" de dos personas al mismo tiempo! Ambos eran chicos adolescentes; realmente desenfocados y ¡con vejigas muy pequeñas!

Durante todo el ejercicio, que duró una semana, ¡yo difícilmente tuve la oportunidad de acostarme y unificarme! Ahí estaba yo, ¡corriendo para todos lados con estos dos chicos! Ellos eran muy fastidiosos, muy infantiles y traviesos. Yo pensaba: *"¡Qué creación!"*

Yo sabía que lo había creado, así que seguía rindiéndome a todo. Ví que podía encontrar la dicha en cada momento y me di cuenta de que no hay nada a lo que Dios no pueda decir *"sí"*, porque no hay nada que me pueda afectar.

Si algo nos afecta, hay resistencia y apegos a los límites de nuestra caja. Sólo necesitas seguir soltando más y más y confiar en que eso lo estás creando perfectamente.

Cada situación es sólo una oportunidad para ser más amor. Es un regalo, para que puedas encontrar amor en lugares nuevos e inesperados.

"¡Oh! bueno, puedo ser más amor en eso.
Yo puedo encontrar la dicha en este momento".

Todo comienza a cambiar cuando comienzas a buscar la dicha, en vez de enfocarte en lo que está mal.
Es siempre una cuestión de elección.

¿Cómo puedo ser más compasivo conmigo mismo?
La verdadera compasión destruye todas las limitaciones. Llegamos a un nivel en nuestro crecimiento en donde nos damos cuenta de que estamos eligiendo ser limitados. Cuando podemos ver más, podemos hacer una nueva elección; podemos elegir destruir ese hábito.

Cuando llegas a ese estado, la compasión es como un cincel, remueve los últimos pedacitos de resistencia. Donde sea que estés apegado a tus limitaciones, donde sea que le tengas miedo a tu grandeza, tendrás que usar el cincel de la compasión.

¿Cómo puedo darme cuenta si mi relación me sirve o si es un lugar en donde me abandono? ¿Cómo puedo ver si es amor de verdad o sólo necesito estar con alguien?

La relación perfecta es como una crisálida, nutriendo el crecimiento de cada individuo, para que ambos puedan alcanzar la perfección de su propia brillantez, encuentren sus alas y muestren sus verdaderos colores. Entonces los compañeros se reflejan más crecimiento y perfección uno al otro. Cuando nos sostenemos uno al otro en amor incondicional y en el crecimiento, no podemos perder nada que sea real. Cuando todo lo demás cae, sólo permanece la verdad. Puede que atravesemos juntos tiempos difíciles, puede que las estaciones cambien, pero el cambio de las estaciones trae cada aspecto a su madurez, entonces nos apoyamos el uno al otro en esto y lo que siempre permanece es el amor.

Si me expreso abiertamente en relaciones donde normalmente experimento conflicto y separación, ¿la otra persona automáticamente va a abrirse también? Tengo miedo de que traten de seguir manipulándome, aunque yo haya dejado de hacerlo.

La otra persona va a cambiar, por supuesto. Sus juegos de manipulación dependen de tu respuesta. Si dejas de reaccionar, eventualmente van a dejar de intentarlo, porque se van a dar cuenta de que el juego no está funcionando más.

Ellos podrían intentar formas nuevas y creativas de manipularte, pero si ésas tampoco funcionan, también se van a caer.

Los espejos más grandiosos que tienes en la vida son los aspectos que más rechazas; usualmente las cosas que jurarías que no eres:

"¡Oh!, no, yo no soy nada parecida a mi pareja, él no está enfocado en su crecimiento y está completamente cerrado. ¡Yo he evolucionado; él está estancado!"

Vas a encontrar que tus parejas y todas las personas que están más cerca de ti, te reflejan las partes que más resistes. Siempre eres tú. Ellos pueden mostrarte un reflejo exagerado: vas a darte cuenta, de que a medida que se eleva tu conciencia, los espacios más pequeños de miedo o resistencia van a ser magnificados cientos de veces en el afuera. ¡No vas a poder evadirlos!

No trates analizar lo que ves; no se trata de pensar:

"¡Oh!, ¿dónde está eso en mí?"

"¿Soy realmente así?"

Eso sólo crea más estrés. Sólo sé conciente y todo va a ser claro para ti.

¿Cuál es el verdadero propósito de la humanidad?

Atravesar la *"matrix"*.

Despertar toda la creación.

El tiempo y el espacio no pueden existir sin la dualidad. Sin la polaridad, sin el contraste y el cambio, la ilusión colapsaría en unión.

Es un juego; el propósito del juego es elevar la totalidad, despertar cada aspecto de nosotros mismos, hasta que la ilusión colapsa de nuevo en el Uno no manifestado.

¡Ése es el juego que estoy jugando!

En realidad, todos somos amor. Todos somos infinito; no hay lugar adonde ir, no hay nada que lograr; sólo es ser más amor a cada momento.

No puedes perder nada.

Nunca.

Yo no puedo ser sin una parte, porque ninguno de ellos es una parte; todo es uno, todo soy yo ¡o tú!

¿Piensas que Sai Baba está iluminado?

Sí, por supuesto…

¡Con ese pelo, tienes que amarte incondicionalmente!

Algunas veces, cuando estoy en un estado de paz interna, yo siento una presencia moviéndose hacia mí. Es una sensación muy placentera. Viene cerca y algunas veces flota sobre mí. ¿Qué es eso?

Tú eres todo, así que eres tú. Es amor, sólo es energía.

En la ilusión, probablemente lo llamarías un ángel.

Pero sigues siendo tú.

Si yo puedo hacer una nueva elección a cada momento, ¿puedo elegir soltar todo y despertar ahora mismo?

Puedes despertar en un instante, eso es todo lo que toma; sólo toma un momento despertar. Si no lo haces, es porque no has soltado algo.

Cuando comenzamos a expandir nuestra conciencia, no estamos completamente concientes de lo que necesitamos soltar. Pero a medida que nos conectamos más y más con nosotros mismos, nos damos cuenta de adónde aún nos estamos aferrando.

Algunas veces esto lleva tiempo, porque tenemos que pasar por el proceso de soltar cada cosa, especialmente las cosas más profundas, las cosas a las que estamos más apegados; los sistemas de creencias, las cosas que nos hacen sentir seguros en el afuera.

Puedes despertar en este momento, si sueltas todo. ¡Pero tienes que *realmente* soltar todo!

Puedes decir:

"*¡Oh!, sí, voy a soltar todo*".

¿Pero lo has hecho? No.

Es un proceso y el proceso sana la separación de ti misma.

Cuando yo estaba soltando, lloré y lloré, porque era doloroso para mí soltar las cosas.

Yo estaba muy apegada a muchas cosas en mi vida, pero quería esto más.

No había nada que no hubiera soltado, no había nada que no hubiera hecho. No tenía líneas en la arena; yo hubiera soltado cualquier cosa y lo hice.

Yo pienso que he ido más rápido que cualquiera, porque mi foco estaba totalmente unidireccionado. Yo quería esto más que nada. No quería sufrir más; ya había sufrido lo suficiente.

Va a llegar un punto donde nada es más importante para ti. Lo vas a querer como tu último aliento.

Con esa intensidad.

¡Eso me recuerda una historia!

Érase una vez, un estudiante que estaba llevando a su maestro río abajo en un pequeño bote.

Aprovechando la rara oportunidad de pasar tiempo a solas con su amado guía, se armó de valor y preguntó:

"Querido maestro, ¿Cuándo voy a alcanzar la iluminación?"

Su maestro no respondió; en cambio lo agarró fuertemente del cuello y sumergió su cabeza en el río.

El estudiante estaba tan sorprendido al comienzo que no se resistió, pero a medida que los segundos pasaban, se dio cuenta que la fuerza del maestro no estaba disminuyendo. Comenzó a sacudirse a medida que la presión crecía en sus pulmones, pero la presión del maestro seguía estable.

El estudiante entró en pánico: su maestro no daba señas de soltarlo.

Justo cuando sintió que no podía resistirlo más, el maestro lo tiró de regreso al bote. El estudiante yacía en el bote, llevando desesperadamente aire de nuevo a sus pulmones.

Él miró a su amado maestro, perplejo. El maestro sonriendo, le dijo:

"Cuando quieras la iluminación tanto como querías ese último aliento, la tendrás".

¿Cómo me puedo amar más a mí misma?

Yo solía pensar que amarme más significaba comprarme un nuevo carro deportivo.

¡Así me estaba amando a mí misma!

O una casa grande.

¡Ahí me estaba amando aún más!

O encontrar una nueva pareja.

Siempre estaba cambiando mi entorno, pensando que cuando lo hacía, me estaba dando a mí misma, pero instantáneamente yo quería algo más.

Finalmente, me di cuenta de que no estaba funcionando. Comencé a soltar mis apegos, y a medida que iba soltando, la cantidad de conciencia que comenzó a expandirse fue fenomenal, porque había tanto miedo apegado a estas cosas.

Cuando finalmente los solté, no perdí nada. Yo solté todo; pensé que lo iba a perder todo, pero no perdí nada. Todo retornó en abundancia.

Ahora me doy todo, pero no tengo la misma necesidad. Yo soy como un pequeño niño con juguetes, pero no me aferro a mis juguetes; no tengo ningún apego con ellos. Tan pronto como consigo algo lo regalo; la energía es completamente diferente.

No hay nada malo con la riqueza, no hay nada malo con la abundancia; es el apego a esas cosas lo que causa sufrimiento.

¿La gente iluminada se observa a cada momento?

Nosotros estamos concientes de nosotros todo el tiempo. Estamos siempre observándonos, porque siempre estamos siendo más. Siempre nos estamos reflejando a nosotros mismos y siempre somos conciencia.

La conciencia da.
La conciencia habla la verdad.
La conciencia no tiene máscaras.
Remueve todo lo que no es real,
todo el tiempo.
Eso es lo que hace la conciencia.
Eleva cada aspecto de sí misma.
Eso es todo lo que soy en cada momento:
conciencia pura.
Con todos;
inclusive con un taxista.

Yo siempre hablo la verdad.
Siempre.

Una maestra Isha me dijo que sintió que se estaba muriendo cuando despertó. ¿Tú sentiste eso o tuviste una experiencia diferente?

Yo no lo sentí como si me estuviera muriendo para nada; en realidad ¡quería matar a alguien!

Mi despertar fue muy dramático. Energía en cantidades masivas corría dentro de mí; fue explosivo. Experimenté un matrimonio muy fuerte en el chakra de la corona y oscilaba entre energías masculina y femenina, extremas. Luego caí totalmente en mi corazón.

La primera cosa de la que me di cuenta fue que había creado todo, que nada de esto era real; era una ilusión que yo había creado y que la única cosa que era real era el amor. Podía ser feroz y podía ser gentil, pero seguía siendo amor.

Me di cuenta que todo era perfecto, que yo era perfecta y que nunca había hecho nada malo; siempre había sido perfecta y estaba teniendo una experiencia humana que no tiene nada que ver con la grandeza de quien soy.

Luego toda la separación cayó y me di cuenta de que yo era todo.

Esa ha sido mi experiencia permanente desde entonces.

Yo sé que creo todo en cada momento.

Nada está predeterminado o preordenado y todo existe porque yo lo he creado.

Yo soy todo y no hay nada más que eso:
el amor.

Esa es sólo una corta descripción de las cosas increíbles que vinieron con la iluminación. Mi despertar ciertamente no fue sutil.

A medida que se expande mi conciencia, me he comenzado a dar cuenta de que las personas alrededor mío son mis espejos perfectos. Yo puedo ver claramente cómo ciertos individuos representan aspectos míos diferentes. Me alegra poder ver esto, pero todavía no puedo entender cómo puede ser eso. Mi intelecto no puede entender tal cosa.

No va a poder entenderlo. Es imposible. Tienes que experimentarlo. Al despertar, viene como un gran choque cuando te das cuenta que nada de esto es real y que eres más grandioso de lo que pensabas. Es totalmente lo opuesto a lo que experimentas antes de despertar.

Experimentamos viendo afuera, pero eso no es verdad: todo está adentro.

Experimentamos esta dualidad del miedo, pero no es verdad: la única cosa real es el amor.

Nos experimentamos siendo pequeños, pero no es verdad: somos la totalidad de todo.

Es el opuesto exacto de lo que creemos. Vivimos en una perfecta ilusión de dualidad; pensamos que tenemos que encontrar amor afuera, pero está adentro. ¡Estamos siempre en el amor! Somos el amor.

Nosotros adoptamos máscaras y complicaciones; escondemos y manipulamos, pretendiendo ser algo que no somos, pero para poder iluminarnos tenemos que soltar todas esas falsas protecciones.

Es imposible entender intelectualmente lo que estoy diciendo. Tu corazón puede escucharlo y decir:

"¡Oh, eso puede ser verdad",

Pero hasta que no sea tu experiencia, no es una verdad absoluta. Eso es lo que yo amo de este sistema; tú comienzas a ver.

"¡Ah, ahora entiendo! Ahora entiendo".

Nos comenzamos a ver a nosotros mismos afuera, porque eso es todo lo que hay: todo es sólo un espejo de ti mismo. Pero no se trata de darte cuenta de eso tampoco, porque tan pronto comienzas a entenderlo, estás intelectualizándolo. La inocencia es la llave. ¡Inocencia!

A menudo me encuentro preocupándome por el dinero. Me han dicho que tengo que soltar eso y desapegarme. Mi mente se resiste y dice que es imposible ¿Cómo puedo soltar mi apego al dinero? ¡Tengo una esposa e hijos que dependen de mí financieramente!

Estas confundiendo desapego con abandono o abstinencia. Desapegarse es ver a través del sufrimiento.

Cuando te estás aferrando, cuando estás preocupado, estás apegado. Es de la preocupación —del miedo— de lo que te tienes que deshacer, ¡no del dinero!

No hay nada malo con el dinero, ¡el dinero es grandioso! ¡Es la falta de dinero la que siempre causa problemas!

Mucha gente tiene la idea de que el dinero es malo. No lo es; es sólo una energía que se mueve: es el apego a él lo que te hace sufrir.

Algunas personas son extremadamente adineradas, pero en sus mentes son pobres. Su dinero no les da libertad, porque se aferran desesperadamente a lo que tienen.

Confía en ti. Permítele a las cosas moverse naturalmente y date cuenta de que las posibilidades son ilimitadas. Es el apego el que tienes que soltar, no el objeto de tu apego.

Es como con tu familia. ¡¿Vas a deshacerte de tu familia porque estás apegado a ellos?!

"¡Vete, vete, estoy apegado a ti! ¡Fuera, fuera y llévate todo el dinero contigo! ¡Vete! ¡Yo me voy a iluminar!"

Yo soy un físico. Acabo de ver la película, "¿Qué rayos sabemos?", y fue muy emocionante para mí, ver que todas mis convicciones sobre la conciencia están comenzando a ser probadas científicamente. Estoy convencido de que yo creo mi propia realidad; la cosa más complicada es experimentarlo. Trato de ir más allá del intelecto, pero es difícil para mí ver algo diferente a mi razonamiento mental.

Disfruta de tu intelecto, pero no le permitas que te gobierne.

Obviamente tienes una mente brillante; si eres un físico asumo que debes ser bastante brillante. Eso es una cosa genial, pero la experiencia que estás buscando viene de la inocencia, no del razonamiento intelectual.

Eso es lo que enloquece a las personas en esa película. Pueden probar la unidad, pero no la pueden entender.

Eres afortunado: tienes la herramienta para entenderlo también.

¿Cómo puedo distinguir cuando estoy exaltado o cuando estoy afuera de mi cuerpo?

La única manera de anclarte en ti mismo permanentemente, en la paz absoluta, es a través de la expansión de la conciencia.

Para poder estabilizar la conciencia perpetua, tienes que estar en tu cuerpo y estar muy conectado: permitiéndote sentir las emociones y ser consciente de lo que está pasando a tu alrededor.

Nos salimos de nuestros cuerpos para poder escapar; es una manera de desconectarnos de nosotros mismos. Haciéndolo, puedes deshacerte de determinadas circunstancias, pero no vas a sentir la paz absoluta que tienes cuando estás totalmente presente en tu cuerpo.

Primero estabilizamos la conciencia adentro. Luego comienza a moverse afuera, hasta que nos volvemos uno con el todo. Comienza adentro y luego se mueve hacia afuera. Pero tienes que estar en casa; tienes que estar en tu cuerpo. Si estás volando por ahí en el éter, vas a seguir siendo sólo una parte de algo más grande.

No tienes que irte, puedes usar las llaves Isha para mantenerte adentro, tienes esta opción. Si quieres despertar, tienes que estar adentro.

Yo sólo tuve una experiencia afuera del cuerpo durante una cirugía. Fue increíble; no sé si fue efecto de la anestesia o si era una experiencia exaltada. Era muy vívido...

Nosotros tenemos experiencias afuera del cuerpo, exaltadas, expansiones de conciencia, experiencias cercanas a la muerte; todas son grandiosas, porque te abren la puerta para mostrarte que hay más, además del plano físico.

Usualmente, cuando las personas tienen experiencias exaltadas, despierta su interés en la espiritualidad y los trae de regreso a su despertar.

Yo solía tener expansiones espontáneas. Sin razón aparente, ¡BANG!, tenía una expansión masiva y desaparecía de nuevo. Yo ni siquiera hacía ningún trabajo espiritual, pero esas experiencias me hicieron consciente de que había más.

Todas las experiencias son válidas, pero para poder sanar y despertar, tienes que estar en tu cuerpo.

Muchas personas se enganchan en sus experiencias exaltadas. Algunas personas están tan exaltadas que piensan que están iluminadas; pero no es real; todavía están experimentando dualidad, no están presentes, están flotando en el éter.

No están sufriendo, pero no están aquí tampoco.

No están en el mundo.

¿Cuando estoy cerca de un ser iluminado, el simple hecho de estar en su presencia afecta mi conciencia de alguna manera?

Sí, ayuda.

Las conciencias más elevadas están siempre elevando la conciencia de los demás. Vas a notar que cuando estás cerca de un maestro iluminado, todo lo que vibra en una baja frecuencia comienza a salir a la superficie.

Tú eres la conciencia más elevada. Tú eres eso. Sólo tienes que recordarlo.

¿Qué es la expansión de la conciencia?

Cada vez que eliges el amor en vez del miedo, estás expandiendo tu conciencia. El objetivo es estabilizar esa experiencia interna de paz, amor y dicha. Cuando experimentas eso todo el tiempo, has logrado lo que nosotros llamamos conciencia perpetua.

Cada vez que nos enfocamos adentro, estamos expandiendo ese amor y todo lo que no es real comienza a caer: emociones bloqueadas y sistemas de creencias limitantes basados en el miedo.

Comienzas a ver partes de ti mismo que no están vibrando en una frecuencia elevada.

A medida que soltamos más y más, la experiencia de conciencia —el amor incondicional que está dentro de nosotros— comienza a expandirse.

Las expansiones exaltadas son diferentes. Son experiencias extrasensoriales, en forma de visiones, sensaciones energéticas o momentos de percepción sensorial aumentados. Estas experiencias pueden llevarte a lugares fantásticos y diferentes niveles de realidad; normalmente son como sueños, experiencias mágicas. Puedes comenzar a ver el aura de las personas o campos energéticos alrededor de las plantas y los animales.

Todas estas experiencias pueden ser muy entretenidas, pero no duran mucho. No pueden durar porque no están basadas en la verdad. Están basadas en la dualidad, así que cambian, como todo lo demás en el universo físico. No puedes encontrar plenitud completa en la conciencia exaltada, porque vas a seguir experimentando separación. No importa qué tan linda y enriquecedora sea la experiencia, el corazón va a seguir buscando la verdad y no va a descansar tranquilo hasta que trascienda todas las ilusiones, por muy elaboradas que sean.

Muchas personas espirituales tienen la impresión de estar desconectados del mundo, flotando en el éter, es el estado ideal del ser. No lo es; es sólo un escape.

Muchos artistas creen las mismas cosas; ellos piensan que la exaltación les da más inspiración. Piensan que estar afuera y no ser parte del mundo es lo ideal, pero no lo es. Es sólo un escape. Así que para estabilizar la conciencia perpetua, tienes que estar en casa, no puedes estar viviendo por allá afuera. Además no disminuye tu creatividad. La gente creativa piensa eso,

"Ah, pero si entro en mi cuerpo…"

Pero la verdad es que creas más, porque está viniendo de una fuente más pura.

Es por eso que nuestro enfoque está siempre en la iluminación, que sólo puede ser lograda cuando estás en tu cuerpo. Sólo a través de la iluminación puedes experimentar amor y perfección en todo, todo el tiempo.

Mientras vas viajando hacia adentro, tu conciencia se va a expandir y a contraer, y a expandir y a contraer, haciéndose continuamente más y más grande, a medida que caminas a través de todos tus miedos y apegos. Durante este proceso, las expansiones exaltadas pueden aparecer, pero sólo las vemos pasar y continuamos en nuestro camino hacia la libertad absoluta.

Una vez que alcanzas la iluminación, todos los cambios cesan y nada puede quitar la experiencia interna de plenitud.

¿Cómo puedo deshacerme de las creencias negativas que tengo de mí misma?
Ámalas. No las rechaces.
Si sólo las observas, sin juzgarlas, eventualmente vas a ver a través de ellas; no se trata de verlas como algo malo.
"¡Oh, estoy haciendo esto de nuevo! ¡No debería estar pensando eso!"
No hay nada malo con tus creencias negativas: son partes perfectamente normales de tu experiencia humana. Abrázalas.

Hay aspectos de nosotros mismos que juzgamos tan fuertemente, pero la ironía es que todos tenemos los mismos aspectos. ¡Nosotros estamos tratando de ocultarnos las mismas cosas los unos a los otros!

Cuando te vuelves más conciente de tus hábitos, sólo piensas:
"¡Oh!, eso no me sirve más. Puedo soltar eso…"
Luego, si no puedes soltarlo, sé honesto contigo mismo y confronta el miedo que lo mantiene allí.

Una de nuestras limitaciones más grandes es nuestro apego a la opinión de los demás. Nos parece tan complicado ser reales y hablar nuestra verdad, porque vivimos en miedo constante de perder la aprobación.

El intelecto es muy bueno justificando nuestro propio abandono:
"¡No puedes decir eso! ¡Podrá ser verdad, pero sería totalmente inapropiado!"
Nosotros mentimos todo el tiempo. Siempre tenemos nuestras máscaras puestas. Lo ridículo es que todo el mundo puede ver a través de ellas, porque todos jugamos los mismos juegos, ¡con las mismas máscaras!

Yo sigo creando las mismas situaciones en mi vida, que producen las mismas reacciones viejas en mí. ¿Cómo puedo cambiar eso? ¿Cómo puedo soltar mis apegos que me están siendo mostrados repetidamente?

Cuando has soltado algo, no te va a afectar más. Tu felicidad no dependerá más de eso.

Nada afuera de nosotros puede afectarnos. Sólo nos sentimos afectados cuando vemos partes nuestras reflejadas. ¡Si te afecta, eres tú! Puedes estar segura de eso.

No juzgues las situaciones que creas en la vida. Algunas veces la gente viene y me *grita*, pero no me afecta; sólo lo atestiguo. Sé que no es nada personal; se están gritando a ellos mismos.

Si la gente proyecta en ti y eso te afecta, siempre eres tú. No intentes analizar, preguntándote que es lo que deberías ver, sólo mantente presente en cada momento, observando como te estás sintiendo y como estás reaccionando.

No se trata de pasar un examen,

"¡Bueno, eso no me afectó tanto hoy… yo diría que sólo me afectó un ocho por ciento!

¡Eso es definitivamente una mejora con respecto a la semana pasada!"

La inocencia es la clave.

La mente siempre va a tratar de analizar, entender y diseccionar cada situación, porque necesita desesperadamente mantenerse entretenida…

"¿Estoy sanando apropiadamente? ¿Esto me está afectando? ¡Oh, creo que paré de crecer… oh, no, no estoy creciendo! ¡Todos están creciendo más rápido que yo! ¡Mira todo lo que han crecido!"

Todos son sólo juegos de la mente. No te quedes enganchado en esos pensamientos. Tan pronto como te enganchas en ellos, se tornan en un apego. Si sólo los observas pasar, sin tomarlos muy seriamente, no te van a causar ningún sufrimiento.

Estamos tan apegados a nuestros pensamientos. Tú hablas de los apegos; nuestros apegos están en nuestra cabeza; sólo son pensamientos. Pensamos que *somos* nuestros pensamientos; no lo somos. Pensamos que nuestros pensamientos son reales, pero si los observas, vas a ver qué contradictorios son.

Nuestros pensamientos cambian constantemente. Están basados en la dualidad y la dualidad está siempre cambiando. Saltando de lo bueno a lo malo, de lo correcto a lo incorrecto; la mente danza incesantemente de un extremo al otro, yéndose a un lado, luego al otro, luego a ambos.

No hay estabilidad en nuestros pensamientos; la libertad viene cuando aprendes a sólo verlos pasar.

Si te encuentras a ti mismo resistiendo un pensamiento particularmente insistente, ve más profundo para ver la emoción que lo está causando. Cuando te permites a ti mismo sentir la emoción subyacente, te vas a dar cuenta de que los pensamientos desaparecen sin ningún esfuerzo.

Siempre estamos creciendo; siempre nos estamos moviendo hacia adelante. Sea que lo puedas ver o no, inclusive si piensas que estás peor que nunca en tu vida, te estás moviendo siempre hacia una conciencia mayor. Algunas veces las situaciones o hábitos en tu vida parecen empeorar: es sólo tu universo magnificando un lugar donde puedes ser más.

¿Cómo puedo distinguir entre la voz de la conciencia y la voz del intelecto?

La voz de la conciencia no tiene duda: habla con claridad absoluta, resonando en el silencio de tu ser.

La conciencia es veraz. Cuando habla, no hay duda.

Es tan sólida y firme como una roca.

La voz del intelecto, por otro lado, oscila de un polo al otro, alimentando la confusión y la indecisión. La complicación es su juego favorito, a medida que se mueve el caudal de tus pensamientos, se forma un desorden complejo, como un gato con una madeja de hilo.

La mente es un signo de pregunta de una duda permanente e interminable. Vagamente cambia de una opinión a la otra. Es transitoria, porque es ilusoria.

Si estás en un momento de tu vida donde necesitas tomar una decisión, debes estar seguro de lo que quieres. Si tienes dudas y no puedes definir claramente qué hacer, para y espera. En el momento en que tengas que elegir, va a ser muy claro para ti. Si no estás claro, no es el momento aún. Sigue mirando y observando y va a llegar claramente, exactamente cuando lo necesites.

Tú dices que si alguien te grita no te afecta. Algunas veces a mí tampoco me afecta, pero luego me pregunto, tal vez me estaba defendiendo; tal vez debí haber puesto a esa persona en su lugar...

¡Ahí está! ¡Ahí están las dudas del intelecto! ¿Puedes ver? Tu mente intervino en el juego y comenzó a cuestionar tus actuaciones.

Confía en lo que sucede en el momento.

No pongas atención a la mente:

"¡Tal vez debí haberme defendido!

¡Tal vez debí haber reaccionado de manera diferente!"

Todo es perfecto. Nunca has cometido un error.

Recuerda, ¡estoy iluminada desde hace siete años! No se trata de imitar mi experiencia. Se trata de hacer nuevas elecciones inocentemente, viendo dónde puedes encontrar más libertad.

Algunas veces vas a poder atestiguar tus pensamientos; algunas veces te afectarán profundamente; algunas veces vas a sentir paz interior; algunas veces vas a estar profundamente movido por emociones vívidas.

La cosa más importante es ser real. Mientras estaba sanando, yo era muy vulnerable. ¡Nadie ha sido más patético, más ridículo, más necesitado! Yo me permití ser todo lo que nunca había sido. Siempre había sido tan "fuerte": controlando todo, nunca sentía mis emociones, protegía a todos a mi alrededor; para poder sanar tenía que convertirme en el exacto opuesto. Por primera vez en mi vida, yo hice todo por mí. Estaba dispuesta a verme ridícula; me veía ridícula, pero fue la cosa más grandiosa que nunca he hecho.

Yo era muy inocente.

Yo no tenía muchas ideas o conceptos.

Yo escuchaba a todo el mundo como un cachorrito, rindiéndome a todos, a cada recomendación, porque quería sanar tanto.

Eso es lo que me llevó tan rápidamente a la iluminación: mi disposición a escuchar.

A menudo me culpo a mí misma por la carencia y el sufrimiento de los otros. ¿Cómo puedo liberarme de ese sentimiento de culpa?

La culpa no es real.

No hay nada malo.

Nunca has hecho nada malo.

La culpa es un truco que hemos aprendido para no amarnos a nosotros mismos. Cuando nos juzgamos, nos estamos separando del amor. ¡Eso no ayuda a nadie!

El juzgarse es la pérdida más grande de tiempo, sin embargo, es uno de nuestros hábitos más persistentes.

Nunca has hecho nada malo. Nadie ha creado nada *malo*. Todo lo que hemos creado contribuye a esta maravillosamente intrincada e impredecible ilusión de dualidad.

Algunas veces nos gustan nuestras creaciones;

algunas veces no.
Ellas no son buenas o malas,
correctas o incorrectas.
Ellas son siempre experiencias perfectas.
Todos creamos todo perfectamente, para experimentar la dualidad.

La culpa es una manera de evitar nuestro verdadero poder, porque nos saca del momento y nos lleva al pasado.

"*¡Ojalá no hubiera hecho eso!*"

Es sólo una idea, un patrón de comportamiento autoimpuesto que pensamos que debemos seguir para ser buenas personas.

Algunas veces tratamos de provocar la culpa, para poder manipular a los otros.

"*Eres terrible conmigo, ¿cómo puedes tratarme así?*"

Pero no es real. Dios nunca hace nada malo.

Cuando desperté, en un instante me di cuenta de que nunca había hecho nada malo. Fue un impacto muy grande para mí, ya que yo siempre había sido la reina de la culpa; yo siempre estaba reprochando mis acciones y juzgándome. Ahora puedo ver que usaba la culpa para evitar pararme en mi verdadera grandeza.

La gente piensa que el ego es una falsa impresión de grandeza, una ráfaga de orgullo que anda exhibiéndose por todos lados. En realidad, el ego es una pequeña voz en tu cabeza que siempre te mantiene pequeño, susurrando incesantemente:

"*Hay algo malo,*
no deberías comportarte así,
no eres lo suficientemente bueno,
no mereces nada".

Ése es el ego. Puede usar el disfraz de la arrogancia para protegerse a sí mismo, pero el ego no es altivo; es justamente lo opuesto. Es el aspecto que te subvalora, que cree que no eres importante, especial, único ni perfecto exactamente como eres. El ego te mantiene pequeño. Está lleno de miedo. Es lo que nos impide amarnos incondicionalmente.

Nosotros vemos a otros desde un lugar de lástima porque no podemos percibir nuestra propia grandeza. La única manera en que podemos cambiar eso es conociéndonos a nosotros mismos. Cuando podemos ver nuestra propia perfección, podemos ayudar a los otros a encontrar eso dentro de ellos mismos, en vez de apoyarlos en su rol de víctimas. No existen víctimas. Pero para poder ver eso, tienes que sanar la víctima que hay dentro de ti.

¿Puedes hablar más acerca de la verdad?

La verdad es amor e integridad, no viene del intelecto. Surge espontáneamente, en forma de omnisciencia. La verdad va más allá de los confines de nuestra experiencia humana.

La verdad sabe que lo único que existe es el amor; ve más allá de la superficie aparente de la dualidad. A medida que la verdad se expande dentro de ti, lleva tu percepción a través de los velos de la ilusión, para percibir la esencia inmutable de tu ser infinito.

¿Cuando hay mente, no puede haber verdad?

Ambos pueden existir a la vez.

Ésa es la maravilla de la iluminación: sigues viviendo la experiencia humana, estando anclado permanentemente en la verdad absoluta.

El intelecto es esencial para poder sostener la ilusión de la dualidad. Es una máquina perfecta, que mantiene profesionalmente la experiencia humana.

Es una máquina grandiosa. Los humanos están usando siempre el intelecto de formas nuevas e inesperadas. Ahora, los

científicos inclusive están usando el intelecto para tratar de probar la conciencia.
Pero el intelecto no puede ver más allá de lo conocido. No puede percibir lo que no ha experimentado. Como una memoria extraíble, su capacidad es limitada.
La conciencia conoce lo absoluto. Es lo desconocido. Esa es la diferencia. No es conocimiento, es omnisciencia. No tiene preguntas, sólo es.

¿Cuánto afectan los hábitos alimenticios el nivel de conciencia de una persona?

¡A las personas usualmente no les gusta mi respuesta a esta pregunta!
Yo fui vegetariana por muchos años de mi vida.
Cuando inicié mi proceso de sanación, dejé de comer carne completamente. Dejé de tomar café y alcohol.
¡Ahora como de todo! Aunque sólo como carne ocasionalmente.
Depende del individuo. Se trata de escuchar a tu cuerpo, no hay reglas establecidas.
Yo pienso que no hace diferencia en cuanto a alcanzar o no la iluminación.
Cualquier cosa que altera tu conciencia, sin embargo, no le ayuda a la expansión. Cantidades excesivas de alcohol, drogas; las cosas que alteran considerablemente tu percepción no te ayudan a tu crecimiento.
Todas estas cosas comienzan a caer naturalmente a medida que tu conciencia se expande. Cuando yo comencé a sanarme, era una chica muy fiestera. Fumaba, tomaba y rumbeaba; era cantante, esa era mi vida. Pero muy pronto, todos estos hábitos comenzaron a desaparecer. Yo siempre dependía de ellos para sobrellevar mi timidez. Nadie sabía que yo era tímida,

porque siempre lo estaba enmascarando con una euforia artificial, pero cuando comencé a centrarme más en mí misma, me fue posible sostener esa confianza naturalmente, así que mis viejas muletas ya no eran necesarias. Nunca traté de pararlos; todos mis hábitos autodestructivos se evaporaron automáticamente en el alba de mi despertar.

Ahora mi cuerpo rechaza esas cosas; no las ansía más. Ahora tengo hábitos nuevos: ¡bebo Coca Cola dietética! ¡La odiaba antes de despertar! Así que no hay una regla estricta. Osho solía beber cajas de Coca Cola dietética. ¡Tal vez ese sea el secreto! ¡Tal vez es la Coca Cola dietética!

"¡Ilumina tu vida con Coca Cola light!"

¿Qué voy a obtener de la iluminación?

No hay nada más grandioso que la iluminación.
Es libertad absoluta.
Es amor absoluto a sí mismo,
Unión con todo.

Estar en dicha en cada momento sin razón aparente, en vez de esperar constantemente satisfacción en el futuro; vivir sin miedo; todas estas cosas vienen con la conciencia.

Es el extremo opuesto de mi experiencia de vida previa. Antes de la iluminación, las cosas tenían que verse de una manera específica para ser feliz. Todo y todos tenían que ser exactamente como yo pensaba que debían ser, o no podía encontrar paz en mi mente. Yo estaba extremadamente apegada a todo: mi país, mis ideas, mis amigos, mi familia; ¡inclusive a mi perro!

Ahora, fluyo con todo. Puedo encontrar perfección en cada situación. Yo experimento tanta dicha y libertad en todo lugar, sin importar donde estoy ni con quien estoy.

Tener esa libertad, tener esa dicha, es increíble. Es lo que las personas están buscando toda su vida. Gastamos toda nuestra energía tratando de lograr esa experiencia. Cambiamos todo, en un intento desesperado de encontrar esa plenitud; buscamos una pareja perfecta, nos mudamos de casa, cambiamos de profesión, vamos de compras; todo lo que apacigüe la incesante inconformidad de la mente.

Intentamos todas estas cosas, pero la libertad sólo puede venir de adentro. Es una experiencia interna.

Abraza la magia. Estamos tan perdidos en nuestro estrés, que nunca notamos la magia. No estamos presentes en el momento. Hace diez años, podía estar en el lugar más hermoso del planeta, rodeada de vistas espectaculares, pero no era capaz de apreciarlo realmente; no estaba allá para nada. Siempre estaba en otro lugar, preocupándome por algo.

El más mínimo contacto con la conciencia cambia todo en un instante. Cuando experimentas eso, todo lo demás se torna secundario. Porque tu corazón sabe. Nunca se olvida.

Cuando era niña, mi familia solía llevarme a largos paseos por las carreteras de Australia. Recuerdo estar sentada en la silla de atrás, mirando por la ventana, cautivada por los magníficos paisajes que pasaban. Amaba recitar las palabras de los letreros de la carretera que pasábamos, intentando asombrar a mi madre con mi amplio vocabulario.

Disfrutaba los paseos inmensamente, a menos que nos cruzáramos con algún animal muerto. El reino animal en Australia es maravillosamente diverso. Desafortunadamente, una parte de esa diversidad es atropellada inevitablemente en las noches, en las autopistas a las afueras de las ciudades. Si había algún animal muerto en la vía o al costado, siempre lo veía. Y divisar algo muerto, cualquier criatura hermosa, me aterrorizaba. Me dejaba inmediatamente choqueada, frustrada, triste. Comenzaba a llorar, una neblina densa cubría mi dicha previa. Esto era instantáneo y automático. Yo percibía tal crueldad, sentía su sufrimiento, inclusive desde mi inocencia infantil.

Cuando crecí, peleaba con la misma intensidad contra las injusticias de la sociedad moderna. Ahora he dedicado mi vida a la expansión de la conciencia, pero lo hago desde la experiencia de perfección. Ya no percibo las cosas como malas o como una razón para sufrir. Estoy trabajando en elevar nuestra calidad de vida en cada momento, pero lo hago desde un lugar de alegría.

Esta es la libertad que uno experimenta con el despertar de la conciencia.

Tus palabras me movieron profundamente. Es casi como si me hubieran afectado hasta una profundidad celular. Ellas se infiltran en mi cuerpo, como si físicamente estuviera cambiando sólo con escucharte.

Es porque tu cuerpo es conciencia. La verdad resuena y eleva la vibración. Sólo con escuchar o leer a alguien que hable desde ese lugar, tu conciencia se expande.

Lo que yo hablo es la verdad. Es la verdad del corazón. El recuerdo de esa verdad está presente en cada parte tuya. Por eso es que, aunque no entiendas lo que estoy diciendo, mis palabras van a despertar una esquina de tu ser olvidado por mucho tiempo. Tu corazón conoce la verdad, aunque las cosas que diga sean lo contrario de todo lo que has aprendido en tu vida; el corazón sabe.

Tus células saben.

Tú creaste el estar aquí, escuchando mis palabras.

Yo pienso que cuando uno se rinde y abraza la vida exactamente como es, las preguntas comienzan a caer porque vienen del intelecto. Si te estás enfocando en ser inocente, no hay más preguntas. ¿Es así como funciona?

Sí, algunas veces. Yo he aprendido a no molestarme cuestionando nada, porque no hay coherencia o razón para la ilusión. Es muy difícil anticipar lo que va a venir en el caos aparente de la dualidad. ¡Eso es lo que lo hace tan entretenido! Lo impredecible, el suspenso. Si supiéramos lo que viene a la vuelta de la esquina, ¡las cosas serían muy aburridas! Cuando sabes que todo es perfecto, sólo te rindes a cada momento. Pero hasta que ésa sea tu experiencia, hay infinidad de preguntas.

Cuando comienzas la búsqueda interna, siempre hay muchas preguntas. Es por eso que comenzamos a buscar: porque estamos tratando de encontrar las respuestas a nuestras preguntas. Las respuestas vienen más pronto si eres inocente, pero cuando me haces una pregunta, mi respuesta te va a abrir a nuevas posibilidades:

"¡Oh, eso puede ser cierto; oh, eso puede ser la verdad!"

¿Puedes hablar de la empatía? ¿Qué tanto debo ponerme a mí misma en el lugar de otros?

La empatía no tiene nada que ver con la compasión.

A menudo usamos la empatía como una excusa para no empujar a otros a su grandeza. Mucha gente espiritual adopta una actitud artificial de amor incondicional, pero en realidad es sólo un disfraz usado para disimular sus propias limitaciones. Yo los veo a todos en su grandeza: siempre los estoy empujando a su grandeza. Yo me puedo sentir identificada con lo que alguien está atravesando, pero nunca me va a frenar para empujarlos a ser más.

Usualmente, la empatía es usada como una máscara falsa, disfrazando la transigencia.

"Yo entiendo, porque cuando yo fui joven, yo atravesé todo eso... todos salen de eso..."

En vez de hablar la verdad. Es una excusa para que nosotros no nos pidamos más, no nos empujemos por más.

Obsérvate para ver si con el disfraz de la empatía, estás permitiéndoles a las personas quedarse en sus limitaciones. Eso no es amor.

Érase una vez un rey noble y justo. Gobernaba sobre su reino con gran empeño y justicia y todos sus súbditos vivían muy agradecidos y en prosperidad. El secreto de su éxito, sin embargo, no recaía en él, sino en su consejero de más confianza; un sabio anciano cuya sabiduría aumentaba con el tiempo, y quien acompañaba al monarca a cada paso. Cada vez que el rey necesitaba tomar una decisión importante, el sabio estaba siempre a su lado, dándole excelentes consejos.

La sabiduría del consejero era tan inmensa, que las sugerencias que daba sobre cualquier tema, en cualquier aspecto del mandato rey, eran siempre perfectas.

Un día, el rey estaba practicando esgrima con uno de sus mejores espadachines. En un momento de mucho entusiasmo, el guerrero cometió el impensado error de aplicar sus verdaderas habilidades en el monarca. Su veloz espada atravesó la defensa estable del rey, haciendo una herida profunda en la mano real.

El rey arrojó su espada y gritó de dolor, mientras los sirvientes corrían a atender la herida.

Su confiable consejero, el viejo sabio, quien estaba siempre a su lado, miró la sangre que chorreaba de la herida profunda en carne viva y exclamó encantado,

"¡Oh, majestad, esta es una cosa maravillosa!"

El silencio cayó por un momento, todos observando con confusión y luego con horror, mientras la expresión del rey cambiaba de una sorpresiva incredulidad a un gruñido tembloroso de furia:

"¡CÓMO TE ATREVES A HABLARLE A TU REY DE ESA MANERA!"

Gritó el monarca furioso, atorado de la rabia.
"¡TÚ, MI CONSEJERO DE MÁS CONFIANZA! ¿HAS ENLOQUECIDO?"
Y con eso, le ordenó a sus guardias que se lo llevaran inmediatamente y lo encerraran en el calabozo más profundo.
Curiosamente, mientras se lo estaban llevando, el sabio gritó:
"¡Gracias por llevarme al calabozo, mi señor! ¡Esto también es algo muy bueno!"
Perplejo y convencido de que su consejero había enloquecido totalmente, el rey volvió a atender su herida.
Las semanas pasaron y la cortada en la mano del rey sanó, dejándola deformada por una cicatriz profunda y sinuosa. El orgullo del rey estaba tan herido por el daño físico permanente causado por el accidente, que decidió olvidar a su amado consejero y dejarlo tirado en el calabozo.
Los meses pasaron y la temporada de cacería comenzó. Lo más importante de la contienda era la cacería anual de tigres, un evento muy celebrado que el rey esperaba con deleite.
En el día de la cacería, el rey, vestido con todos los lujos que requería la ocasión, salió galopando en su semental favorito, dejando atrás el sonido de las cornetas y los gritos eufóricos de la multitud, en una nube de cascos relampagueantes.
El mejor caballero del reino cabalgaba detrás de él, junto a todos los demás caballeros, pero el semental del rey era más rápido que todos los caballos, e inclusive ni los mejores jinetes podían seguir su paso. A lo lejos, profundo dentro del bosque, el rey alcanzó a ver un pelaje dorado y se fue a toda velocidad detrás del rastro del tigre.
A medida que se movía rápidamente a través de los árboles y enredaderas, el poderoso cuerpo del tigre se acercaba mucho más. El rey preparó su arma, estaba listo para atacar por primera vez....

Sin entenderlo claramente, el rey abrió sus ojos y vio el suelo del bosque dando vueltas alrededor suyo. Él no había visto una rama atravesada por el apuro de la cacería. Su cuerpo estaba adolorido por la caída. Pero cuando volvió en razón, se congeló de horror.

El tigre estaba parado justo encima de él, tan cerca que ¡podía sentir su aliento caliente sobre su cara!

Aceptando la derrota, el rey recitó sus plegarias mientras esperaba a que el tigre le arrebatara su vida.

Luego, algo muy inusual sucedió.

El tigre, después de oler al rey por todos lados cuidadosamente, gruñó, extrañamente se dio la vuelta y se fue caminando, dejando al rey aterrorizado, congelado en el suelo selvático.

Los otros miembros de la cacería pronto llegaron, habiendo observado todo el suceso en agonizante suspenso desde una loma cercana.

Todos alegremente celebraron la suerte inexplicable del rey: ¿Cómo podía él haber escapado vivo de una situación tan trágica?

En el banquete de la noche, el escape milagroso del rey fue el tema de todas las conversaciones. Nadie podía explicar el comportamiento del tigre. Cuando todas las posibles explicaciones habían sido descartadas, el rey de pronto recordó a su viejo sabio consejero. Lo mandó a traer de regreso de los calabozos, para ver si él podía explicar esta misteriosa situación.

Cuando el sabio se paró enfrente, sucio y desnutrido, pero aún sonriendo y centelleando su luz interior, el rey recordó todas las cosas maravillosas que había recibido de él y por un momento, se preguntó si había tomado la decisión adecuada, encerrándolo por tanto tiempo. Luego, recordando la horrible ofensa que había cometido al burlarse de su herida, sacudió esos pensamientos de su cabeza y recordó el asunto por tratar.

"Oh, gran sabio",

dijo el rey. Sus sentimientos de arrepentimiento se enmascararon rápidamente por un nuevo tono sarcástico.
"Yo me pregunto si tu sabiduría puede explicar los eventos de la cacería de hoy".

Continuó explicándole el suceso a su viejo consejero, quien escuchó atentamente, sus ojos cada vez más abiertos a medida que la historia se desarrollaba.

"Mi señor", exclamó el sabio, tan pronto como el rey había terminado."La explicación es simple".

"El tigre es el animal más noble de la jungla. El sólo va a comer la mejor comida que esté disponible".

"Sin querer ofenderlo de ninguna manera mi señor, después de su accidente con la espada, usted es simplemente... no lo suficientemente bueno".

Una sonrisa se dibujo en la cara del rey, cuando finalmente entendió. Con un nudo en su garganta, dijo,

"Mi amado consejero, he sido un tonto, ¡Ahora entiendo por qué estabas tan complacido al verme lastimado!"

"Pero hay una cosa que todavía no entiendo. ¿Por qué me agradeciste cuando te envié a los calabozos?"

La cara del sabio se iluminó tras una sonrisa abierta llena de regocijo:

"Mi señor, yo soy su consejero de mayor confianza y estoy siempre a su lado.

Si no me hubiera enviado a los calabozos, yo hubiera estado con usted cuando el tigre se precipitó,

Y mi señor...

¡No hay nada malo conmigo!"

Algunas veces la verdad es dura, algunas veces ofende. Pero sigue siendo amor. No confundas la suavidad con el amor; no confundas la falsa empatía con la compasión verdadera.

Te he escuchado hablar por muchos años y he notado que tu manera de hablar ha cambiado. Ahora, siento que pones mucho más énfasis en la importancia de la iluminación. Siento un sentido de urgencia, como si alcanzar la iluminación fuera la única cosa que me va a llenar. ¿Voy a poder despertar?

Ahora hablo en forma muy diferente, porque la conciencia se ha elevado enormemente en los últimos años.

Yo suelo ver a la gente allí donde se encuentra. Hace seis años, si hubiera hablado la verdad absoluta, ¡todos se hubieran ido! Pero ahora, se quedan. La conciencia está más elevada; ya hemos hecho mucho trabajo. Gracias a eso, están listos para escuchar la verdad absoluta.

Están listos para despertar y lo harán. El proceso se está acelerando.

Te vas a iluminar si eso es lo que deseas; algunas personas no quieren despertar.

Sólo quieren vivir sin estrés.

Eso también está bien; sólo depende del individuo.

Tú dices que yo estoy creando todo. ¡Yo no puedo entender eso! He experimentado cosas tan raras en mi vida que ¡no me puedo imaginar que concientemente elegí experimentarlas!

Tú creas todo.

En cada momento.

Perfectamente.

Tú siempre creas exactamente lo que necesitas para poder crecer, para poder retornar a la grandeza de quien eres.

Durante el proceso de sanación, ¡algunas veces creamos situaciones muy extrañas! Muchas de las cosas que atraviesas en el camino al despertar no van a tener ningún sentido. No se supone que deban tener sentido: estas situaciones están diseñadas para sanar tus creencias limitantes, para provocar las emociones que has aprendido a evadir y reprimir durante tu vida. En estos momentos, es importante no intentar comprender lo que está sucediendo, no trates de encontrar una forma de escaparte. En vez de eso, sólo sé completamente inocente y siente cualquier emoción en su totalidad.

Mientras más puedas soltar y permitirle a todo moverse naturalmente, más rápidamente se va a expandir tu conciencia.

Mucho del estrés que hemos acumulado a través de nuestras vidas está atorado en el sistema nervioso y cuando se va, usualmente lo hace a través de la liberación de las emociones.

Algunas veces vas a crear situaciones ridículas e increíbles, que te van a confundir y frustrar tanto, que vas a sobrepasar el intelecto y conectarte con las emociones que tanto necesitas sentir.

Cuando haces este cambio de percepción, vas a comenzar a ver que algunas de las cosas que parecían los peores momentos de tu vida, fueron realmente los mejores. Eso en realidad, te estaba retornando a casa, a ti mismo.

El otro día, me di cuenta en un instante que la libertad estaba aquí y ahora. Por medio segundo, experimenté plenitud absoluta. Estaba presente en mí misma intensamente. Fue un sentimiento de certidumbre total. ¿Qué era eso? ¿Yo me pregunto: era la unión perfecta de mi hemisferio izquierdo y derecho?

¡Para de pensar!

¿Ahora vas a analizar tu libertad?

Lo que tú experimentaste fue perfecto. Sólo sé inocente y presente a cada momento. Si necesitas entender algo, va a hacerse muy claro para ti.

La claridad va a llegar cuando menos la esperes. Puede llegar en forma de un comentario casual de un amigo por el teléfono. O tal vez el próximo taxista te mencione algo que te hará preguntarte si detrás de esa barba y la voz gruesa, él es realmente un viejo maestro Zen escondido en la ciudad.

Todo existe para servirte. Siempre va a haber alguien que te diga exactamente lo que necesitas oír.

Mantente siempre abierto a tu universo. Escucha todo. Yo los escucho a todos, siempre. Si en algún momento necesito saber algo, eso viene.

Así, solo.

En el momento.

A través de mi proceso interno de expansión, he cambiado muchos aspectos de mi vida. ¡Algunas veces me siento culpable por sentirme tan bien! Los otros miembros de mi familia son muy infelices y yo me siento mal por el hecho de que ellos no puedan experimentar las cosas maravillosas que yo estoy viviendo ahora. ¿Qué puedo hacer para ayudarlos?

Ese es un lugar donde piensas que no mereces.

Es un hábito cómodo en el que caemos a menudo: ver a los otros como víctimas.

La cosa más grandiosa que puedes hacer por tu familia es sumergirte completamente en tu felicidad.

Luego, a través de tu ejemplo, inspirados por los cambios que ven en ti, tal vez elijan hacer lo mismo.

Tú no necesitas empujar a la gente a hacer nada. En realidad, funciona más efectivamente hacer todo lo opuesto. Si tienes tu propia experiencia, eso afecta a las personas directamente. Luego ellos pueden tomar una nueva elección.

Nosotros estamos todos en diferentes niveles de crecimiento. No todo el mundo quiere cambiar; no todo el mundo quiere crecer. Yo he enseñado personalmente a más de veinte mil personas. Pero no todos lo aplican en sus vidas.

Muchas personas han aprendido sin ningún costo en los cursos de servicio a la comunidad organizados a través de la Fundación Isha. Pero no todos practican lo que aprendieron. Siempre es una elección. Cuando las personas están listas para regresar a ellos mismos, a casa, a sus corazones, entonces hacen una nueva elección.

Muchos de mis estudiantes más comprometidos han experimentado gran frustración cuando sus parejas no quieren aprender el sistema.

"*¡Oh, si mi marido quisiera compartir esto conmigo!*"

Eventualmente, cuando han soltado la frustración, sus parejas terminan aprendiendo también. ¡Luego los hijos los acompañan!

No se trata de salvar a nadie. Enfócate en ti mismo, en ser el ejemplo.

Yo tengo una gran resistencia a estar conmigo misma. Siempre estoy tratando de buscar algo para hacer, como para evitar ir adentro. Pero al mismo tiempo, hago lo posible por venir y escucharte hablar. Es como si estuviera peleando contra mí misma: una parte mía quiere crecer desesperadamente y otra parte siempre quiere huir.

Eso es porque tu corazón conoce la verdad.

¡Por eso es que estás aquí!

Luego la cabeza pelea en contra de eso.

¡Pero la cabeza es tan fuerte!

Usualmente lo es. Pero estás aquí, haciendo este proceso: eso es lo importante.

A medida que expandes tu conciencia y comienzas a confrontar tus limitaciones, es natural experimentar resistencia. La mente está simplemente tratando de aferrarse a su experiencia de dualidad; está tratando de defender sus limitaciones. Es por eso que es tan importante no darle poder a tus pensamientos. Nuestros pensamientos son muy poderosos y cuando vas llegando a niveles de conciencia más elevados, ellos van a luchar incluso más fuertemente, tratando desesperadamente de mantener la ilusión de dualidad.

La verdad absoluta que viene con la experiencia de conciencia es como un veneno para la mente. Ella estremece las bases del intelecto y amenaza con quitarle el control al que se había acostumbrado tanto.

"*¡Todo es perfecto exactamente como es!*"

Estas revelaciones van en contra de todo lo que el intelecto percibe como verdadero.

Así que la resistencia que estás experimentando es perfectamente normal. Sólo sigue llevando tu atención gentilmente de regreso adentro y con el tiempo, eso va a cambiar.

Yo estoy a cargo de muchos proyectos en mi trabajo, pero ellos no siempre resultan como están planeados. Sin embargo, ahora que tengo más entendimiento en mi vida, me doy cuenta que el resultado es siempre el mejor, inclusive si no es lo que yo esperaba. ¿Cómo puedo transmitir esto al resto del equipo? Me gustaría poder compartir esa visión con ellos.

¡Sólo compártela con ellos, como acabas de hacer!

Tú acabas de responder a tu propia pregunta.

Sólo diles eso.

Tu conciencia afecta todo. Si dices alguna verdad, va a afectar a los que escuchan. Sólo tienes que confiar en ti misma.

No trates de cambiarlos. Habla tu verdad y si resuena, resuena. No estés apegada a su entendimiento.

Algunos de ellos van a entender.

Algunos no. Sólo sigue incentivando a la gente.

Eso me recuerda una historia.

Un grupo de ranas estaba viajando por el bosque y dos de ellas cayeron en un hoyo profundo.

Todas las otras ranas se agruparon alrededor del hoyo. Cuando vieron lo profundo que estaba, les dijeron a las desafortunadas que nunca podrían salir. Las dos ranas ignoraron los comentarios y trataron de saltar fuera de allí.

Las otras les insistían que se detuvieran, que ¡ya estaban muertas! Finalmente, una de las ranas le hizo caso a lo que las otras estaban diciendo, y simplemente se rindió. Se cayó y murió.

La otra rana seguía saltando tan alto como podía. Una vez más, el grupo de ranas le gritaba que parara el dolor y el sufrimiento, y simplemente muriera. Ella saltó con mucha más fuerza y finalmente, logró salir.

Cuando estuvo afuera, las otras ranas le preguntaron, "¿Por qué continuaste saltando? ¿No nos oías?"

La rana les explicó que ella era sorda. Y pensó que la estaban animando todo el tiempo.

La voz del corazón no conoce límites, no le teme a ningún obstáculo. La voz del intelecto te va a mantener en la duda y si le crees, tu esperanza va a flaquear y morir. No le prestes atención a las dudas llenas de miedo del intelecto: confía en el corazón y mantente firme en tu objetivo. El compromiso del corazón puede atravesar cualquier obstáculo.

El otro día alguien me dijo que pensaba que yo era tan fanática de mi propia sanación, que es como si hubiera cambiado todas mis viejas adicciones por una nueva. ¿Cómo puedo explicarle a una persona que esto no es una adicción?

El deseo de conciencia no es una adicción.

¿El respirar es una adicción?
¡Lo haces todos los días!
¡Compulsivamente!

Pero necesito respirar para vivir. La conciencia no es necesaria para vivir: yo estaba viva antes de comenzar a expandir mi conciencia.

¿En realidad lo estabas?
Yo no lo estaba.
Yo nunca estuve verdaderamente viva sin esto.

Yo tampoco, pero para las otras personas lo estaba. Ellos piensan que yo tenía todo lo que podía desear, así que ellos piensan que ésta es sólo otra adicción.

Esta es la expansión de la verdad; del amor. Si eres adicta a eso, al amor a ti misma, a la verdad, a la integridad.... ¡que afortunada eres! Estas son cosas muy buenas para apegarse; te dan libertad.

La expansión de la conciencia te lleva de regreso a ti misma. Las adicciones te mantienen alejada. Te sacan de ti misma. Las respuestas no están afuera.

Yo entiendo eso, pero ¿cómo puedo explicarlo? ¿Cómo convenzo a mis amigos de eso?

Ahora, eso *es* una adicción:
"¡Necesito que me entiendas!"
¡Eres adicta a la aprobación!
¡Ahora llegamos a la base de esto! Tu adicción yace en tu necesidad de defender tu imagen, no en tu deseo de crecer.

¿Cómo puedo parar de comer en exceso?
Viendo a través de tu adicción.
No te tortures a ti mismo con eso: juzgarte a ti mismo es sólo otra adicción. Sé honesto contigo mismo; observa tus respuestas. Cuando puedas ver a través de eso claramente, vas a poder soltarlo.
Cuando comes en exceso, eso no te hace feliz. Es un lugar donde te abandonas a ti mismo. Cuando sientas la urgencia de ir y comer, para un momento, ve adentro y ponte en contacto con lo que está sucediendo. Vas a poder encontrar que hay ansiedad y tristeza allí. Siente cualquier emoción que surja y luego mira si todavía quieres hacer lo mismo. Cuando la ansiedad se ha ido, vas a encontrar que ya no sientes hambre. De esa manera, vas a empezar a llenar ese vacío con amor a ti mismo.
Es sólo ver.
Parar.
Ir adentro.
Observarte.
Permitir que la emoción se mueva.
Luego, hacer una nueva elección.
Si después caes de nuevo en el hábito, está bien. Sé gentil contigo mismo. Soltar tus adicciones es un proceso; algunas veces toma tiempo. Castigarte por eso, no sirve para nada.

¿Cómo puedo amar las partes mías que rechazo?
No hay nada malo contigo.
Nada.
Nunca has hecho nada malo.
Yo solía juzgarme a mí misma por todo. Tenía una lista interminable de lo que estaba mal conmigo y solía usarla para torturarme.

Cuando desperté y me di cuenta que no había nada malo conmigo, que yo era perfecta exactamente como era, fue un descanso increíble. Nosotros nos causamos tanto dolor innecesario al juzgarnos.

Nunca has hecho nada malo.

Nosotros estamos viviendo en una neblina; perdidos en una ilusión de separación increíblemente convincente. Hacemos un billón de cosas diferentes, buscando el amor desesperadamente en toda clase de lugares extraños. Todos hacemos cosas que juzgamos, todos nosotros.

Juzgamos partes de nuestra personalidad.
Juzgamos la manera en que tratamos a otros.
Juzgamos todo.
Pero nosotros somos perfectos.
Tú eres perfecto exactamente como eres.

Si ves un aspecto de ti mismo que no te sirve más, solamente suéltalo.

No juzgándolo, sino abrazándolo.

"Oh, esa parte no me sirve más.
Oh, la puedo soltar ya".

Simplemente así. No se trata de pensar que hay algo malo contigo. No hay nada malo. Sin importar lo que hayas hecho.

¿Qué es estar soñando?

Tú vives en un sueño. Esto es un sueño. Esto es una ilusión. No tiene nada que ver con la grandeza de quienes somos.

Nuestros sueños dentro de la experiencia humana usualmente son muy fragmentados. Eso es porque hay muchos recuerdos y estrés siendo liberados; mientras duermes, tu sistema nervioso se está sanando a sí mismo.

Algunas veces tenemos claridad en los sueños, pero no tienes que analizarlos; si necesitas entender algo, ¡va a ser más que evidente!

Hay tantas cosas que me gustaría hacer en mi vida. Yo soy actor, pero también me gustaría escribir y convertirme en hombre de negocios y cuando pienso en hacer esas cosas, pienso que son lo que realmente quiero. Yo lo siento con tal claridad, como si estuvieran viniendo de la conciencia. Así que es realmente difícil para mí saber lo que quiero.

¿Por qué no puedes hacer todas esas cosas juntas?

¿Por qué no puedes actuar, escribir y *ser* un hombre de negocios?

No tienen que estar separados. Yo canto, escribo y también dirijo las Fundaciones Isha. Mi vida es un fascinante contraste de actividades y proyectos.

Pero mi foco está siempre en la conciencia.

¿Así que la conciencia no se enfoca necesariamente en una cosa específica?

¡Tú no estás hablando de la conciencia!

La conciencia es el amor; es el absoluto.

Tú, por otro lado, estás hablando de jugar con el juego de la dualidad; experimentar diferentes aspectos de la ilusión.

Yo puedo hacer cien cosas diferentes, pero siempre soy conciencia. Soy conciencia en cada momento. Todo lo que yo hago es sólo un subproducto de ese foco.

Mi actividad es incesante, permanente, como el que más, y es para crear más conciencia, para brindarle más amor al mundo.

Yo canto para mover la conciencia.

Yo doy video-conferencias para expandir la conciencia.

Es en la conciencia en lo que estoy enfocada.

De lo que tú estás hablando es de crear en la ilusión. Puedes hacer una multitud de cosas, o sólo una cosa, y seguir enfocado en la conciencia. Lo que hagas no afecta de ninguna manera tu experiencia interna.

Si no estás enfocado en la conciencia, siempre habrá preguntas. Nunca te vas a sentir completamente pleno. Jugar en la ilusión nunca te va a dar satisfacción absoluta sin la conciencia. Sin importar lo exitoso que seas, sin importar cuánto dinero ganes, sin importar cuán en famoso te conviertas, tu corazón siempre va a querer más. Siempre va a anhelar la conciencia.

No hay nada que no puedas hacer. ¡Hazlo todo! Pero sé conciente. Eso es lo que realmente importa: lo que estás siendo, no lo que estás haciendo.

Cuando decides ser amor, estás afectando directamente todo tu entorno. Lo que soy, es lo que voy a crear; lo que siembro podré cosecharlo.

Había una vez cuatro pueblos. En cada uno, la gente se estaba muriendo de hambre. Cada pueblo tenía una bolsa de semillas.

En el primer pueblo, nadie sabía lo que se podía hacer con las semillas. Nadie sabía como sembrarlas. Todos morían de hambre.

En el segundo pueblo, una persona sabía lo que eran las semillas y cómo sembrarlas, pero no hizo nada con ellas, por una u otra razón. Todos morían de hambre.

En el tercer pueblo, una persona sabía lo que eran las semillas y cómo sembrarlas. Propuso plantarlas como intercambio por ser declarado rey o gobernante. Todos comieron, pero fueron gobernados.

En el cuarto pueblo, una persona sabía lo que eran las semillas y cómo sembrarlas. No sólo las plantó, sino que les enseñó a todos el arte de la agricultura. Todos comieron y fueron libres y poderosos.

Esto es la naturaleza de la conciencia. La conciencia comparte su experiencia libremente con toda la creación.

Te he oído decir que no tenemos control de nada en la vida y he tenido experiencias que confirman eso. ¿Eso significa que no tenemos libre albedrío? ¿Todo está predestinado?

Siempre puedes elegir. Tú estás creando todo en cada momento, así que en realidad, tú tienes control total, pero no tienes control *concientemente*.

Cuando paras de *tratar* de controlar todo y le permites a la vida fluir naturalmente; cuando paras de bloquear las cosas con tus preocupaciones y angustias, surgen las creaciones más increíbles.

Es el *tratar de tener todo bajo control,* lo que impide que todo fluya perfectamente.

Tú tienes libre albedrío, porque tienes la libertad de elegir en cada momento. Pero eso no te garantiza el resultado; eso está fuera de tu control, dentro de la ilusión.

Es muy difícil para mí ser yo mismo, porque desde una edad muy temprana, me fue dicho que controlara mis emociones y fuera tolerante. Este proceso es un cambio total para mí, porque me da la libertad de ser yo mismo y aceptarme exactamente como soy. Pero, ¿eso significa que me voy a volver intolerante? ¿Cómo puedo amar incondicionalmente si soy intolerante?

Primero tienes que tolerarte a *ti mismo,* sin importar lo que estés sintiendo; tienes que amarte a ti mismo incondicionalmente.

Esa es la respuesta.

No se trata de cómo eres con los otros; eso es secundario. Primero tienes que abrazar cada aspecto de ti mismo. Si te estás sintiendo intolerante, tienes que tolerar eso. Si no te estás sintiendo amando incondicionalmente, tienes que amarte *a ti mismo* incondicionalmente, exactamente como eres.

Tratamos de presentarnos al mundo como *buenas personas:* amando incondicionalmente, tolerantes, pacientes; pero cuando tratamos de simular esas cualidades, nos abandonamos a nosotros mismos.

Cuando comenzamos a darnos ese amor y nos sanamos completamente, estas cualidades emergen espontáneamente como subproductos naturales de la conciencia. La diferencia es que son sinceras; no son más las máscaras falsas usadas en la búsqueda desesperada de aprobación.

Detén el *"debería"* contigo mismo. Suelta las ideas de lo que es ser bueno.

Lo mejor que puedes hacer, es ser *tú*, exactamente como eres.

Yo he sido una persona muy intelectual. Pienso que he creado todo en mi vida con mi mente. ¿Cómo puedo comenzar a ser más espiritual y empezar a crear desde la inocencia de la conciencia?

Tú creas todo, siempre, pero hasta que puedas ver eso, vas a crear situaciones desde las creencias limitantes de tu intelecto.

Esta es una cosa muy buena: vas a comenzar a ver todos tus miedos y resistencias, hasta que finalmente los sueltes.

Una vez que te hayas movido a través de esas limitaciones, naturalmente vas a comenzar a crear desde un lugar de conciencia pura.

Durante este proceso, te vas a encontrar con tus miedos y algunas veces vas a sentir como si estuvieras creando situaciones negativas. Pero tu mente se está dando cuenta de lo realmente pequeña que es su percepción. Con el tiempo, esas viejas limitaciones desaparecen de tu mundo.

Luego vas a percibir todo de nuevo, con la maravillosa inocencia de un niño.

¿Cuando quiero algo, debería trabajar activamente para lograrlo o sólo esperar a que suceda naturalmente?

Eso depende de ti. Personalmente, yo siempre pongo todo en acción; pero yo *soy* activa —esa es mi naturaleza— yo muevo todo. Pongo mi deseo afuera, pero también actúo. Las cosas vienen naturalmente también, pero no es bueno sólo sentarte allí a esperar. Algunas personas espirituales piensan: *"Sólo me voy a sentar aquí y ¡todo va a caer del cielo!"*

Pero no funciona así. Tienes que poner las cosas en acción. Sólo quedarte ahí esperando viene de la pasividad. Muchas personas se quedan en ese lugar. Luego, cuando nada sucede, ¡se sienten como víctimas! Porque sus expectativas no fueron satisfechas.

Por ejemplo, cuando alguien quiere hacer el entrenamiento de maestros yo hago que vayan y que creen lo que quieren, en vez de solamente quedarse sentados esperando.

Pon tu deseo en acción, pero sin apego: ése es el truco. Es la ausencia del apego lo que hace fluir las cosas.

Un maestro estaba viajando a través del desierto con uno de sus discípulos.
El discípulo estaba encargado de cuidar el camello del maestro.
Cuando caía la noche, ellos paraban y armaban sus carpas para dormir.
El trabajo del discípulo era amarrar al camello.
Pero no lo hizo y sólo dejó al camello suelto fuera de la carpa.
En cambio, se sentó a meditar y le dijo al universo:
"¡Yo confío que todo es perfecto: tú cuida al camello!"
Y con eso, se durmió.
En la mañana cuando despertó, el camello no estaba a la vista.
Tal vez se lo robaron,
tal vez escapó...

¡Cualquier cosa pudo haber pasado!
El maestro le preguntó al discípulo
"¿Qué pasó? ¿Dónde está el camello?"
"Yo no sé" respondió el discípulo. *"Pregúntale al universo, yo le dije que cuidara al camello por mí. No es mi responsabilidad, yo le dije muy claramente al universo que cuidara al camello. Y como tú siempre me enseñas a confiar en la perfección del universo, yo confié. ¡Ahora no me culpes!*
El maestro dijo:
"Confía en tu universo, pero primero, ¡ata al camello!"
Haz lo que tenga que hacerse.
No evadas tu realidad.
Luego, si algo sale mal, confía en el universo:
Él sabe muy bien lo que está haciendo.

¿Por qué estamos concientes del pasado y no del futuro? Si pudiéramos ver el futuro, ¡podríamos modificar nuestro destino!

Tu deseo viene de tu adicción a tener todo bajo control. Sólo vas a encontrar verdadera plenitud al soltar tu compulsión y rendirte a lo que es. La conciencia es la única cosa que te puede traer plenitud. La plenitud no tiene ninguna relación con el resultado de una situación externa.

La conciencia pura experimenta perfección en todo; en todos los aspectos de la dualidad. Está tan llena de ella misma, que todo lo demás se torna irrelevante. Los cambios inesperados y situaciones impactantes ya no afectan más tu libertad interna; ellos se vuelven el placer de tu vida, mientras esperas con inocente emoción la siguiente sorpresa.

Cuando sueltes tu apego a controlar, no vas a sentir más la necesidad de saber el futuro.

Suéltalo.

No hay necesidad de modificar nada.

Cuando estás enfocado en arreglar lo que percibes como malo, eres incapaz de recibir la magnificencia que la vida te está ofreciendo. La idea intelectual del futuro perfecto es una pobre imitación de los tesoros mágicos que la conciencia tiene almacenados.

Mantente abierto como un niño y tu mundo se va a transformar, por sí mismo, en un circo encantado.

Cuando trates de modificar algo, sólo vas a lograr estropearlo; pierde la espontaneidad que le dió su belleza original.

Haciéndolo, minimizas y limitas, desde un lugar de miedo, la plena expresión de lo que podría ser, en vez de rendirte a la expresión desmedida del amor.

Si la conciencia es la totalidad ¿Cómo es posible que algunas personas estén iluminadas mientras otras no lo están? ¿No debería la iluminación de un individuo resultar en el despertar de todos? ¿Cómo es posible que maestros iluminados diferentes coexistan? Si todos somos uno, ¿no deberían estar todos juntos?

Están *todos* juntos.

No hay separación; esa es una ilusión que tú estás experimentando.

Tú percibes dualidad. Tú percibes separación.

La conciencia no; es absoluta.

Yo no me siento separada de ti,

porque yo soy tú.

Eres tú el que te percibes a ti mismo como diferente.

Tú estás tratando de intelectualizar la conciencia, pero nunca lo vas a lograr, porque la verdadera naturaleza de la conciencia yace más allá de los límites restringidos de la lógica.

La conciencia de todos se está elevando constantemente.

En mi experiencia, mi conciencia gobierna toda la creación y a medida que continúa expandiéndose, otros aspectos de mí misma están despertando.

El crecimiento es infinito.

Yo soy tú.

Tú eres yo.

Esa no es tu experiencia todavía y hasta que lo sea, nunca vas a entender. Si tratas, vas a enloquecer, porque es imposible comprender.

Nuestros pensamientos no pueden ver más allá de las reglas de la dualidad. Estamos cegados por la ilusión; convencidos de que es real.

Hasta que comienzas a ver a través de otros ojos.

Con los ojos del corazón.

La gente cree que ver está relacionado con los ojos. No tiene nada que ver con ellos. La mayoría de las personas andan por ahí ciegas; no pueden ver. Tienen tanto estrés, tantas limitaciones, tantos sistemas de creencias, que no pueden ver.

Nuestra condición física es irrelevante.

Todo es acerca del corazón.

Es siempre acerca del corazón.

Si estás ciego o sordo, no tiene ninguna diferencia; es siempre a través del corazón por el que finalmente tenemos que mirar.

Eso está disponible para todos.

Recientemente le enseñé el Sistema Isha a un grupo de ciegos e individuos discapacitados de Uruguay. Fue una experiencia increíble, era tan claro para mí que no había nada malo con ninguno de ellos; somos todos perfectos exactamente como somos.

Nosotros nos imaginamos que debe ser terrible ser ciego, pero la mayoría de los ciegos ven más claramente que algunos que pueden *"ver"*.

Yo pienso en lo ciega que fui por tantos años; cómo no podía ver.

Ahora puedo. Pero no a través de mis ojos; veo a través de mi corazón. Esa es la verdadera visión.

Al final de la película, *Matrix: Revolutions*, Neo está ciego. Pero ahí pudo ver, a través de su corazón.

Luego, cuando se rindió a su mayor miedo, se hizo uno con todo y la guerra terminó.

No había más separación.

¡Esa fue una grandiosa película!

Si la conciencia es eterna, ¿de dónde viene cuando nacemos y adónde va cuando morimos?

Nunca va a ningún lugar. Está siempre presente.

La separación no es real.

Si tú existes, todo existe.

Toda la conciencia,
todo el amor,
toda la gente,
cada aspecto.

Sólo estás tú; sólo hay uno.

Tú no puedes entender esto completamente, hasta que recuerdes.

Tu conciencia no se va a ningún lado. No hay ningún sitio adonde ir; no hay nada más que este momento.

Pero con la muerte, voy a dejar atrás mi cuerpo físico; ¡ya no voy a tener una mente!

¿Cómo lo sabes?

Me imagino que el cuerpo físico se va...

La conciencia crea todo en cada momento, siempre.

Tú estás analizando la muerte desde tu perspectiva humana; tú piensas que las cosas se van, pero es imposible; no hay adonde ir. El amor está siempre presente, siempre.

Sólo hay una mente conciente. Tú estás experimentando la dualidad; tú piensas que tu conciencia es diferente a la mía, o su conciencia es diferente a la de ella, pero tú eres toda la creación: todo es tu conciencia, todo.

¿Así que somos uno, inclusive teniendo la sensación de ser individuos?

¡Sí! Esa es la ilusión de la dualidad. Tú eres mi conciencia, sólo necesitas recordarlo.

La única diferencia entre tú y yo es que yo recuerdo; nada más.

Pero sigue siendo la misma conciencia.

¿Entonces quién soy?

¡Bueno, necesitas descubrir eso por ti mismo!
Yo sé quien eres:
Tú eres Dios.
Tú eres amor.
Tú eres la totalidad.
Pero necesitas recordar eso; no sólo creer en mis palabras.

¿Debo ir por alguna clase de proceso para alcanzar la iluminación? ¿O puedo elegirla ahora mismo, en este instante?

El único proceso que debes atravesar es elegirla en cada momento, hasta que se convierta en tu experiencia permanente.

Cada vez que eliges la conciencia, ella crece.

Cada vez que hagas esa elección, vas a experimentar perfección en ese momento. Entonces va a ser más.

Es perfecto exactamente como es y luego se vuelve más.

Perfecto exactamente como es.

Perfecto.

Así como tú: tú eres perfecto exactamente como eres. Tú eres perfecto. Luego, cuando ves algo que no sirve, lo sueltas y te conviertes en más amor.

"Oh, yo soy perfecto…

Nuevamente"

Cuando te enfocas en el amor, en la perfección, te sigues convirtiendo en más y más de eso, en vez de enfocarte en lo que está mal. No tienes que sanar lo que piensas que está mal contigo; sólo tienes que enfocarte en el amor y dejar caer la basura, para que puedas ser más de quien realmente eres.

Yo he escuchado que somos noventa y siete por ciento ego y tres por ciento conciencia. Para poder ser libres yo entiendo que primero debemos destruir el noventa y siete por ciento del ego. ¿Qué piensas tú de eso?

¿Quién escribe estas ecuaciones?

¿El científico gurú?

Por lo que a mí se refiere, ese concepto es basura total.

El ego es sólo miedo. Es una parte perfecta de la experiencia humana; no hay nada malo con él. No tenemos que pelear en contra de él o destruirlo: debemos abrazarlo, ver a través de él y luego se disuelve.

En realidad, el ego es conciencia. No hay nada diferente a la conciencia. Tú eres ciento por ciento conciencia pura; sólo que estás atrapado en esta ilusión de separación, una máscara de miedo escondiendo la verdad. Ve a través de ella: luego vas a darte cuenta de que nunca existió.

Anoche, mientras estaba acostada en la cama, me sentí como una pequeña niña de nuevo por un instante, con mis piernas balanceándose mientras colgaban del borde de la cama ¿Qué era eso?

Tú debes ser un duendecillo, ¡eso sólo les pasa a los duendecillos!

Yo recuerdo hace años, antes de que comenzara realmente mi camino espiritual, que solía sentir estos aires de euforia, sin ninguna razón. Si escuchaba buenas noticias, o me sentía optimista sobre algo, de repente inhalaba, experimentando un sentimiento de gran dicha. Yo solía llamarlo ¡aliento de ángel! Se sentía como si los ángeles estaban viniendo a decir:

"*¡Sí, sí!*
¡Eso está bien!
¡Hazlo!"

En los últimos días, me he comenzado a sentir como un niño de nuevo, totalmente vulnerable y espontáneo. Ayer conocí a una mujer con ojos tan lindos, ¡que no podía parar de mirarlos! Finalmente, fui y le dije que me gustaría ser una mariposa, para poderme posarme en su nariz y mirar sus ojos para siempre. Yo estaba tan ruborizado y ¡me siento tan avergonzado de decir esto ahora! ¡No sé que hacer conmigo mismo! ¿Qué me está sucediendo?

Para de tratar de entenderlo.

Lo importante es que estás siendo inocente. Los niños son así, ¡pero no se preguntan por qué! Sólo se aceptan a ellos mismos, exactamente como son.

Es el juicio el que te hace sentir incómodo. Sólo sumérgete en la experiencia. ¡Es maravilloso ser tan vulnerable! Es lindo ser tan sensible, sentir tanta poesía.

No lo juzgues.

Sólo sé.

Sé inocente. Esa es la llave a la libertad: la inocencia. Cuando puedas parar de pensar y comenzar a *ser*, la vida se vuelve un deleite.

Permitirte ser, exactamente como eres, es una experiencia realmente liberadora.

La verdad es que estoy disfrutando el ser tan inocente y vulnerable. Pero al mismo tiempo, estoy tan acostumbrado a controlar todo, ¡que siento miedo de experimentar tanta libertad!

¡Tú no sientes miedo! Esa es sólo tu cabeza, tratando de aferrarse a lo que está acostumbrada.

Tú no te sientes mal; ¡te sientes grandioso! Tu cabeza sólo está tratando de resistirse.

"Oh, debe haber algo mal: ¡no es normal para mí sentirme así de bien!"

Enfócate en la dicha que estás experimentando y el miedo va a desaparecer naturalmente.

Tú dices que nosotros creamos todo en nuestras vidas. ¿Quiere decir que creé la muerte de mi padre? ¿Por qué haría yo eso?

Estás tratando de entender algo que no es tu experiencia. Desde tu experiencia de dualidad, suena horriblemente cruel imaginar que tú harías algo así.

Todo lo que pasa en tu vida es para que tú te ames más. Si algo en algún momento se va en el afuera, lo has abrazado dentro de ti mismo; tú eres eso. El amor nunca se va.

Tu padre no se ha ido a ningún lado. Lo has abrazado en tu corazón y eso es eterno.

Estás convirtiendo mi experiencia de omnisciencia en un concepto intelectual y estás usándolo para juzgarte:

"*¿Cómo pude haber creado algo como eso? ¡Debo ser una mala persona!*"

Pero nada es malo. No puedes afectar al infinito; ¡es infinito!

Nunca se va.

Nunca.

Tú puedes encontrar a tu padre en un segundo, ¿no es así? Él está aquí, en tu corazón. Las respuestas están aquí, el apoyo está aquí, todo está aquí. Él nunca se fue, porque él eres tú.

A medida que expando mi conciencia, ¿voy a poder ayudar a los que están a mi alrededor a sanar, tal vez visualizándolos o pensando en ellos mientras que estoy experimentando esa profunda paz?

Es importante no hacer eso.

A medida que tú elevas tu conciencia, automáticamente elevas la de todos los demás, porque no hay separación; todos están directamente afectados por tu crecimiento interno.

Pero no tienes que enfocarte intencionalmente en que esto suceda; no funciona así.

Tu conciencia está conectada automáticamente; cuando lo haces, estás automáticamente elevando la de todos los demás.

Tus enseñanzas son universales, pero me temo que a medida que ellas se esparcen alrededor del mundo, van a encontrarse con mucha oposición. ¿Cómo podemos evitar eso?

Siempre va a haber dualidad: mientras más expandamos y elevemos la conciencia, más fuerte va a ser la resistencia.

Siempre es así.

A medida que esto crece, también lo hará la oposición.

No importa. Yo quiero esa explosión. Quiero esa controversia. Quiero que esto se exponga en todas partes. Siempre va a haber oposición, pero el amor es la única cosa que es real. Cuando tienes una resistencia o un miedo, lo expresas y luego se va, porque nunca fue real. El proceso va a ser exactamente el mismo, pero en una escala global; la controversia y el miedo van a salir a la superficie, para poder disolverlos.

La gente tiene tanta resistencia a la verdad. Tenemos tantas protecciones diseñadas para mantenernos en limitación.

Pero la humanidad está lista ahora.

Cuando Osho causaba caos en todas partes, la resistencia se volvió tan grande, que nadie permitía que su avión aterrizara en su país. Pero los estaba provocando a todos: ése era su juego.

¡Si hasta *crucificaron* a Jesús!

La resistencia es normal, pero el nivel de conciencia ha cambiado dramáticamente. La gente está muy abierta ahora; hay mucha menos rigidez.

¿Qué es la ignorancia?

La ignorancia es miedo.

Cualquier cosa que no sea amor; cualquier limitación, cualquier parte de ti misma que rechaces o juzgues, es un lugar de ignorancia.

Cuando dudas de ti misma, o no ves tus miedos, te estás parando en la ignorancia.

Cuando le crees a los miedos y a las confusiones de la mente, estás eligiendo la ignorancia.

Cualquier aspecto que te impide experimentar dicha; cualquier patrón de comportamiento autodestructivo, es un lugar de ignorancia.

Tú sabes lo que es la ignorancia; ¡tú no eres ignorante!

"Padre, perdónalos, porque no saben lo que hacen".

Este pasaje, todos lo conocemos tan bien, describe perfectamente lo inconsciente de nuestro comportamiento.

Yo estaba viendo una película con Eddie Murphy, llamada "Trading Places". La historia mostró claramente cómo, bajo determinadas circunstancias, toda la gente básicamente cae en las mismas respuestas. Todos nosotros tenemos respuestas básicas de protección, de supervivencia. Nuestros códigos e ideas de moralidad, pueden a menudo volverse recuerdos distantes cuando estamos confrontando una situación comprometedora.

En la película, un hombre de negocios muy adinerado es falsamente acusado de ser un ladrón común. Termina en las calles sin absolutamente nada, su ropa arruinada, buscando comida en latas de basura. Él no tiene ningún conocimiento de cómo sobrevivir en las calles y eventualmente, se hace amigo de una prostituta.

Los amigos de su vida pasada lo abandonaron; su familia, su pareja, todos sus socios. Y se encuentra en una situación donde debe responder a la violencia con violencia y al crimen con crimen, sólo para poder sobrevivir.

Mientras tanto, el ladrón con el cual fue confundido, ganó estatus social y un estilo de vida sofisticado, riqueza, respeto y responsabilidad. Su personalidad y carácter también cambian totalmente.

La mayoría de nuestro comportamiento es artificial.

Somos producto de nuestras familias, nuestra educación y nuestro sistema de creencias.

La única cosa que puede remover esta ignorancia es estar conciente de uno mismo, a través del cristal del amor.

Cuando comenzamos a vernos a nosotros mismos con amor y percibimos los hábitos destructivos que nos causan sufrimiento, nos volvemos menos ignorantes a cada momento.

No es que hayamos hecho nunca nada mal; nunca hicimos nada mal; sólo éramos inconscientes.

La ignorancia es miedo.

La ignorancia es primitiva.

La ignorancia viene de la protección y nuestra ignorancia estará cegándonos hasta que se derrita en la luz del amor.

Cuando yo descubrí la homeopatía, pensé que había encontrado la solución a todas las enfermedades, hasta el punto que mi hijo casi muere de neumonía, porque yo insistía en el tratamiento homeopático. Ahora sé que la homeopatía es limitada. ¿El Sistema Isha tiene límites de sanación?

La gente tiene la idea de que estar enfermo, es tener algo malo, pero es sólo parte de la experiencia humana. El Sistema Isha no elimina necesariamente la enfermedad. Puede que sí, o que no. Algunas personas curan las enfermedades, otras no.

El límite es saber que no hay límite; que todo es perfecto y que en realidad, el infinito nunca puede afectarse.

Nunca vamos a entender por qué suceden las cosas completamente; por qué las personas tienen diferentes experiencias; por qué las personas se tocan unos a otros de manera diferente; en el hospital, o tal vez sólo en la fila del supermercado. Las cosas suceden por diferentes razones.

Tú percibes que hay algo malo. Osho tenía alergias crónicas y estaba iluminado. La iluminación no tiene ninguna relación con no estar enfermo. Nosotros no somos nuestro cuerpo, no somos nuestros pensamientos.

Nosotros somos inmortales.

Por supuesto, todos hemos percibido la enfermedad como mala hasta que rompemos con la ilusión de dualidad. Yo recuerdo cuando aprendí el sistema por primera vez, que la maestra tenía un vendaje en su pie y yo no podía parar de mirarlo, pensando, *"Bueno, esto obviamente no funciona muy bien; mira, ¡ella tiene un pie lastimado!"*

¡Ella tenía setenta y dos años y patinaba! Se había caído y se había lastimado el pie.

No se trata de lo físico. No hay nada malo nunca.

Este sistema ha tenido resultados fenomenales para muchas personas con enfermedades. Yo he visto curarse a personas con supuestas enfermedades incurables. Yo conozco algunas personas que se han curado de sida mediante el sistema. He visto cosas increíbles suceder. También he visto gente morir después de aprender. Pero murieron desde un lugar de mayor paz, con mucho menos miedo.

Yo todavía no entiendo. Si la expansión de la conciencia nos lleva a que podamos hacer nuevas elecciones en cada momento, ¿no podría elegir una perfecta salud?

Esa no es mi experiencia ni tampoco es la experiencia de otras personas iluminadas. Personalmente, nunca me he sentido mejor. Y no pienso que me he visto mejor tampoco. Tengo tanta energía; yo nunca me enfermo, nunca.

Me siento fantástica, todo el tiempo. Esa es mi experiencia.

Pero las cosas suceden.

Algunas veces un encuentro cercano a la muerte es la cosa más grandiosa que le puede pasar a alguien, porque puede provocar un cambio profundo en su percepción de la vida. El libro de Paulo Coelho, "Verónica decide morir", ilustra esto hermosamente. Cuenta la historia de una mujer joven a la que le hacen creer que se va a morir y a través de esta experiencia, aunque no es cierta, su percepción de vida cambia completamente.

La enfermedad no es necesariamente una cosa mala. Puede ser una llamada a despertar. Para mí, la llamada a despertar más grandiosa en mi vida fue perder todo. La muerte de personas que yo amaba. Esa fue la experiencia más grandiosa que me haya sucedido, porque me despertó.

Yo quiero que mi hijo me acompañe en mi camino de crecimiento interno. Quiero que él también encuentre la libertad absoluta, en vez de desperdiciar su vida como yo lo hice. Yo quiero hacer todo lo que pueda para que él siga ese camino. ¿Estoy manipulando su destino?

No.

Tienes que dejar de juzgar lo que has hecho en tu vida: ¡Hablas como si hubieras perdido algo!

Esto es un juego. Es un juego que has elegido jugar.

Todo lo que has logrado, todo lo que has atravesado, ya sea que lo juzgues como bueno o malo, ha creado tu experiencia humana. Es maravilloso, es especial, es mágico; es perfecto.

Ahora estás jugando el juego de despertar. Sigue siendo sólo un juego. La verdad de quien eres nunca cambia.

Sé más inocente. Lo que sea que hagas, confía y hazlo desde un lugar de dicha, en vez de estar pensando,

"Debo salvarlo de que pase por lo que yo pasé".

Sé más gentil contigo. Piensas que deberías estar haciendo algo diferente, pero no, sólo tienes que estar un ciento por ciento en cada momento.

Al elevar tu conciencia, naturalmente estás expandiendo la conciencia de tu hijo. Tus reacciones van a ser diferentes. Van a venir del amor. No van a estar motivadas más por el miedo.

Él te ha elegido a ti como su madre. Eso es perfecto. Confía en tu propio corazón. ¡No lo puedes hacer mal!

Yo siento un dolor fuerte en mi corazón y una dicha y unidad profunda con todos. Me dijeron que el chakra de mi corazón se está expandiendo, ¿es eso lo que está sucediendo?

Tienes que confiar en ti misma.
Sí, el chakra de tu corazón se está expandiendo.
Sí, puedes experimentar unión con todos.
Pero tienes que confiar en lo que estás sintiendo.
Tienes que confiar en eso, en vez de buscar las respuestas afuera. Eso es de lo que se trata este proceso.
¡Eso me recuerda una historia!

Había una vez un maestro que tenía un estudiante muy avanzado. Después de servirle por muchos años, estaba al borde de alcanzar la iluminación.

El maestro lo llevó a su última prueba. El estudiante sabía que si aprobaba, finalmente alcanzaría su deseo de libertad absoluta.

Fue conducido ante dos puertas.

"Una de estas puertas conduce a la iluminación" dijo el maestro, que se encontraba detrás de él. "La otra conduce a la muerte. Debes elegir la puerta adecuada".

El estudiante, con certeza absoluta, se fue directamente hacia la puerta que sabía que era la correcta.

Justo cuando su mano estaba a punto de abrir la puerta, su maestro suspiró consternado.

El estudiante se congeló, quitó la mano, y abrió la otra puerta.

Murió instantáneamente.

¿Cómo puedo dejar de ser egoísta?

Amándote a ti mismo.
El egoísmo viene del miedo. Mientras te mantengas encerrado en la ilusión del miedo y la protección, vas a experi-

mentar el egoísmo. Te percibes a ti mismo como pequeño y con posibilidad de ser lastimado, así que tomas y te aferras desde un lugar de necesidad.

La grandeza no siente necesidad de tomar, porque está completa en ella misma. A medida que expandes tu conciencia y el miedo se disuelve en el amor, el egoísmo se va a caer naturalmente.

Pero no te juzgues por ser egoísta: ésa es una respuesta automática que hemos aprendido de la niñez. Los juegos de manipulación de nuestras familias a menudo usan el egoísmo como su herramienta favorita:

"Tú eres egoísta; deberías cuidar a tu hermana,
deberías compartir tus cosas;
deberías cuidar mejor a tu madre;
si nos quisieras, no nos dejarías;
si nos quisieras, harías lo que nosotros queremos".

Toda la sociedad moderna usa estas manipulaciones. Las usamos para tener control; nos hacen sentir seguros.

"Si te puedo hacer sentir culpable, harás lo que quiero".

Cuando comienzas a perdonarte a ti mismo y a amarte exactamente como eres, los juicios y la culpa van a empezar a caer.

La culpa es el ego.

"Tú eres malo.
No estás poniendo primero a los otros.
No eres una buena persona.
Eres egoísta".

Esa voz te mantiene pequeño. Juzgarte a ti mismo como egoísta, te mantiene atrapado en la pequeñez y el miedo, ¡y el miedo te mantiene atrapado en el egoísmo!

Un sacerdote fue declarado santo en Chile. Una de sus enseñanzas fue "¡Da hasta que duela!"

¡Esa suena como una buena frase para un santo!

Se nos ha enseñado que la negación y el sufrimiento son los caminos a Dios. Alrededor de todo el mundo, la gente anda en sus manos o en sus rodillas hasta su iglesia o templo, porque piensan que es bueno sufrir.

"Si me corto algo, tal vez reciba algo a cambio.
Si mis rodillas están sangrando, tal vez Dios me perdone".

Esto no tiene nada que ver con la verdad. Estamos aquí para amarnos a nosotros mismos, no para torturarnos.

Pero tal vez algunos santos predicaban desde la verdadera naturaleza de la conciencia y le enseñaron a la gente a encontrar la libertad adentro, no a través del sufrimiento.

¡No lo sé; no conozco ningún santo! Yo acabo de leer sobre ellos.

Estoy segura que muchos de ellos enseñaron desde el amor. Estoy segura que algunos santos estaban iluminados también.

¿Por qué decidimos vivir esta ilusión? Si todos somos conciencia ¿Cuál es el propósito de la experiencia humana?

¿Y si sólo fuera ser amor?

En todo.

Siempre.

¿Y eso fuera todo?

¿Y si la dualidad no cambiara nada? ¿Y si fuera imposible experimentar menos amor, porque estás libre de expectativas, sin necesidad de que tu mundo se vea de una determinada manera?

¿Y si la experiencia humana no tuviera ningún propósito, si no tuviera sentido? ¿Y si la única razón por la que existe es para divertirse?

Para crear,

para ser humanos,

para ser lo que no eres,
para experimentar limitación;
¿Para experimentar la magnificencia de esta creación? Esta es una creación increíble. El planeta es increíble. La gente es increíble. ¡Mira cada individuo! Cada uno es un universo completo. No hay dos iguales. Somos todos perfectamente únicos.
Yo me maravillo ante esta creación. Su belleza me emociona.
El esplendor de la naturaleza y la brillantez de la humanidad me dejan sin aliento.

¿Cómo es posible que todo esté dentro de mí? ¿Yo soy el Uno?

No hay nada más que tú.
Tú creas todo para ti, para jugar el juego. Todos existen para ti, todo está aquí para ti.

Tú no puedes entender esto. No te lo puedo explicar. Sólo puedes experimentarlo a través de tu propio despertar, a través de tu propia conciencia.

Esa es la única manera en la que puedes percibir unidad, porque no tiene sentido. Estamos totalmente inmersos en esta ilusión de dualidad; hasta que puedas ver a través de ella, la unidad es imposible de concebir.

Tú piensas que todo está afuera; yo sé que todo está adentro. Tú percepción es el exacto opuesto a la verdad. Tú crees en tiempo y espacio, pero no hay nada más que este momento. No hay nada afuera. Sólo existe este momento.

Yo encuentro mi vida muy aburrida. ¡Yo me doy cuenta de que tú te estás divirtiendo siempre! ¿Cómo haces eso?

¡Eso es porque sé que no es serio! Con ese conocimiento viene la inocencia y la dicha.

Algunas veces me olvido y me vuelvo muy seria. Luego recuerdo que no debemos ser serios, ¡porque esto no es serio!

La conciencia es dicha, sin ninguna razón. Sólo es.

Esa dicha va a venir naturalmente a medida que vas más profundo en ti misma; no pretendas estar dichosa, si no lo estás.

A medida que vas por el proceso de sanación, habrá momentos cuando no sentirás dicha. Te vas a sentir triste y molesta y vas a odiar todo. Luego lo vas a amar.

Algunas veces te vas a sentir como un maestro creador y otras como una víctima de todo. Vas a querer salir corriendo.

Pero no hay adonde ir.

Porque donde quiera que vayas, ¡ahí estás!

¿Esto te suena familiar?

"¡Me voy para Europa! ¡Las cosas van a ser mejores en Europa!"

Pero cuando llegas...

"¡Ah, sigo aquí!"

Si estuvieras en un debate con otros maestros iluminados y ellos estuvieran hablando de las profecías de destrucción en el año 2012, ¿Qué les dirías?

Les diría que si estuvieran iluminados, ellos sabrían que la única cosa que existe es este momento.

Así que no hay predicciones.

Si están prediciendo algo... Yo me preguntaría si están iluminados o no.

Algunas veces me siento como un niño y hablo de mí misma como si fuera un hombre.

¡Bueno, ciertamente hoy te ves como una niña!

Todos tienen dos energías y usualmente experimentan más de una que de la otra.

Cuando desperté, mis dos polaridades se fusionaron en una. La masculina y la femenina se unieron perfectamente. Todos tenemos energía masculina y femenina, así que es muy normal sentir oscilación entre las dos.
La conciencia va más allá del género.
El género es otra ilusión.
Finalmente somos sólo amor.

¿Puede un maestro iluminado tener una familia? ¿O se vuelven tan independientes que son incompatibles con el universo?

Estar iluminado es estar completo dentro de uno mismo.
Puedes tener una pareja si tú quieres,
Pero no va a ser más tu foco principal.
¡Yo definitivamente no quiero tener una familia! ¡Ya tengo una gigante! ¡Yo soy la madre latina perfecta! ¡Tengo cincuenta Maestros a quienes cuidar!

Yo estoy sintiendo tanta rabia, que me temo que no soy lo suficientemente grande para controlarla.

¿Por qué querrías controlarla?
¡Estás creciendo!
Estás haciendo lo que deberías estar haciendo; estás liberando las emociones reprimidas que has estado evitando toda tu vida.

Tú estás soltando toda tu agresión y ¡estás actuando como si hubiera algo malo con eso! El juicio de que hay algo malo con lo que estás sintiendo es mucho más violento que el sentimiento en sí.

Tú quieres liberarte de toda esa rabia; es por eso que has venido aquí a escucharme. Tú estás aquí para deshacerte de esa rabia, ¡no para ignorarla! ¿Y si lo sientes por seis meses? ¿Qué pasa? ¡Es sólo una emoción!

Sólo para de juzgarlo. Tan pronto como lo abraces, va a desaparecer, pero si sigues enfocándote en eso como si fuera algo malo, sólo se va a volver más y más grande.

Tú me dices que abrace lo que odio de mí, pero eso es muy difícil de hacer para mí. Cuando alguien me dice algo que no me gusta, ¡nunca les hablo de nuevo! ¿Ahora me estás diciendo que tengo que abrazarlos?

¡No te estoy diciendo que abraces a esa persona!

Te estoy diciendo que te abraces a ti misma, que pares de juzgarte y pares de lastimarte.

¿Piensas que nadie en esta habitación tiene rabia?

¿Piensas que nadie en esta habitación tiene alguien que le moleste, a quien no le quiera hablar, a quien odie?

Estoy segura de que todos tienen, pero estás tornando tu rabia en un gran drama, en vez de pensar,

"Oh, bueno, soy humano.
Lo odio.
Odio, odio, odio;
¡Nunca quiero volverle a hablar!
Eso está bien; me estoy sanando…"

Tan pronto como puedas aceptar que tú no eres un santo, que eres humana y que tú tienes derecho a todas esas emociones, vas a empezar a experimentar libertad.

Tiene que empezar con el amor a ti misma.

¿Cómo puedes amar a la persona que odias, si no te puedes amar a ti misma?

¿Cómo?

Es imposible, ¿entonces por qué siquiera tratarías?

Sólo ódialos y mueve la emoción, hasta que se vaya. Luego un día, no vas a odiar más.

Cuando yo era joven, era muy apasionada y explosiva. Peleaba contra todo.

Luego paré.
Lo acumulé.
Estaba tan asustada de mi rabia, de mi naturaleza y de mi fuerza, que traté de hacerme pequeña, para poder encajar. Mi madre solía decir,
"*Deja de ser el centro de atención*".
"*Sé pequeña, sé más femenina; guarda silencio*".
Sé pequeña, en otras palabras; tan diminuta como puedas ser.
De niña, yo era muy buena corredora. Mi madre solía decirme que no ganara con tanta ventaja;
"*¡Haces que los otros corredores se vean mal!*"
Cuando hacía algo bien, tenía que tratar de hacerlo ver más pequeño, para que todos a mi alrededor se sintieran cómodos.
¿Puedes imaginarte la rabia y el odio que tenía?
Había mucha. Me había abandonado a mí misma en todos lados.
Cuando empecé a expandir mi conciencia, todo comenzó a salir. Todo.
Sólo abrázalo y para de juzgarte.

Algunas veces cuando hablo, siento como si no fuera yo hablando, como si la conciencia estuviera hablando a través mío. ¿Podrías explicarme eso?

La verdad absoluta viene de la conciencia. Tú *eres* conciencia, pero no sabes eso aún. Hasta que eso se convierte en tu experiencia, vas a sentir como si Dios estuviera hablando a través tuyo.
Algunos artistas describen el proceso creativo como una especie de canalización, como si no fuera su creación, sino una inspiración divina que se mueve a través de ellos. Yo solía sen-

tir eso cuando escribía canciones; llegaban con tanta rapidez que parecía que no las hubiera creado yo misma.

En realidad, la omnisciencia viene del corazón. Nunca tiene ninguna duda. Surge espontáneamente y corta toda confusión.

A medida que tu conciencia comienza a expandirse, vas a empezar a oírte a ti mismo hablando la *verdad*; hablando sobre el amor incondicional, hablando de experimentar dualidad sin miedo.

Cuando alguien está cerca de la iluminación, o cerca de estabilizar la conciencia perpetua yo puedo *oírlo*. Puedo oírlo, inclusive antes de que nada pase energéticamente.

La gente que está cerca comienza a hablar constantemente la verdad absoluta.

Es como si viniera de algún otro lugar, pero no es así.

Eres tú.

Es quien realmente eres.

Una vez que empiezas a confiar, esto sucede naturalmente. Cuando paras de cuestionarte y te permites a ti mismo sólo escuchar tu corazón, la omnisciencia viene.

A menudo, cuando la gente inicia este proceso, no puede escuchar sus corazones, porque están cubiertos con tanta basura. Pueden repetir las palabras, pero ellas no resuenan; ellas no tienen la misma energía.

Es fácil citar a un ser iluminado, decir lo que otras personas dicen, pero va a sonar vacío si no es tu experiencia.

"Aunque hablara todas las lenguas de los hombres y de los ángeles, si me falta el amor sería como bronce que resuena o címbalo que retiñe".

1 Corintios 13:1

La verdad tiene energía y esa energía es la que toca a las personas.

No importa en qué lengua esté; las personas sienten la energía.

Viene de la constante expansión de la conciencia: a medida que la conciencia crece, más verdad viene. Verdad más refinada.

¿Puedes hablar del silencio?

Sentarse en la conciencia es sentarse en el silencio.
Yo lo llamo el silencio rugiente, porque algunas veces es tan silencioso, que es fuerte.
Es tan silencioso.
Cuando estás sentado en ese silencio, inclusive en medio del mayor ruido, el silencio va a ser más alto. Eso es conciencia.

Hoy me di cuenta de que no se qué es amor. Todo lo que yo pensaba que era amor era sólo una ilusión. ¿Puedes decirme cómo se siente, para que cuando pueda hallarlo lo reconozca?

El amor es una energía. Consume todo; no hay preguntas dentro del amor.

La gente piensa que el amor está afuera, pero primero debes encontrarlo adentro.

Pensamos que es una emoción, pero es una energía.

Una energía tan profunda, que está más allá de todo.

La mayoría de las personas no saben lo que es el amor, pero una vez que lo has experimentado, no hay ninguna duda. Entonces comienza a expandirse; empieza a moverse hacia todo.

Tú no vas a tener ninguna pregunta. Una vez que lo experimentes, vas a saber lo que es. Va a ser transparente como el cristal. Vas a pensar,
"*¡Oh, eso es amor!*
¡Eso es lo que es el amor!
Oh, es esa energía".
Él infiltra todo, todo.

Porque es la única cosa que es real.
Ser capaz de verlo; experimentarlo; es la cosa más hermosa.

Yo trato de dar cuando puedo, pero algunas veces doy cuando realmente no quiero y siento como si no hubiera sido verdadera conmigo. ¿Debería seguir dando, aunque no quiera?

Dar es un subproducto natural de la expansión de la conciencia.

Es importante dar desde tu corazón; no desde la culpa o la necesidad de aprobación.

Muchas personas tienen miedo alrededor del dar. También tienen miedo con el recibir; no importa cuánto les des, no pueden recibirlo.

Ábrete a ti mismo a recibir.

Permanece abierto a dar.

Mira dónde estás tomando, dónde te estás aferrando desde el miedo.

Y haz una nueva elección.

Puedes hacer todo esto como un ejercicio, pero con la expansión de conciencia va a comenzar a suceder naturalmente. Tú ni siquiera vas a tener que tratar.

Si puedes ver que eres una persona que no da, que siempre toma, haz una nueva elección y encuentra la dicha del dar. La gente tiene tantas creencias en la carencia; es increíble. Es increíble que la gente piense que el dinero es tan real. Ellos piensan que es algo a lo que se tienen que aferrar fuertemente, pero al hacerlo, lo limitan.

El verdadero tesoro debe ser encontrado en la conciencia. Es ahí donde yace la verdadera riqueza. Cuando comienzas a romper las fronteras de todo; cuando comienzas a experimentar libertad absoluta y amor incondicional a ti mismo, todo el miedo desaparece.

Si tú no tienes eso, inclusive si eres un multimillonario, todavía eres un mendigo, porque en realidad, no tienes nada hasta que no tienes el amor a ti mismo; solamente entonces vas a encontrar libertad absoluta. El dinero no te puede comprar eso. Puede comprarte una ilusión de seguridad; te puede comprar comodidad, pero no te puede comprar libertad.
Da más.
Date más a ti mismo.
Deja de calcular y ábrete a ser más grande, a ser más. No hay límites, excepto los que te pones a ti mismo.

Yo tengo muchas opiniones y resistencias y me doy cuenta de que a menudo, ellas me limitan. ¿Debería tratar de ir en contra de ellas? Cuando vea que tengo un "No", ¿debería ir y hacer lo opuesto?

Es bueno ver donde tienes un *"No"*. Una de mis primeras estudiantes que vino a entrenarse como maestra, Satya, había estado en un camino espiritual muy largo antes de aprender el sistema. Ella había acumulado innumerables conceptos e ideas. Estaba llena de teorías y opiniones que limitaban su vida completamente. Por ejemplo, ¡ella tenía el menú organizado en su apartamento con un mes de anterioridad! Cada comida estaba planeada, cada ingrediente.

A menudo, las personas espirituales, a falta de su propia experiencia de conciencia, tratan de evitar el caos de la mente ocupando todo su día con reglas y regulaciones. Se convencen a ellos mismos de que estas rutinas les están brindando libertad, pero si estás apegado a algo, sin importar qué tan saludable parezca, te aleja de la iluminación.

Cuando Satya llegó al entrenamiento de maestros, en vez de una o dos maletas, que habíamos especificado como la cantidad aceptable de equipaje para traer, ella trajo un camión de mudanzas, lleno de ollas y sartenes; ¡inclusive una silla! Ella tenía tantos apegos; ni siquiera comía con cubiertos metálicos y si alguna vez pensaste en acercarte a sus adorados sartenes de teflón con algo más filoso que una esponjilla, ¡todo el infierno se caía!

Pero Satya, al igual que todas sus ideas y apegos, tenía una cosa muy importante: un profundo deseo de crecer. Mediante el proceso de expansión que atravesó durante el entrenamiento de maestros, ella comenzó a soltar todas sus ideas.

Ahora, ella está iluminada.

Lo gracioso es que ahora es más saludable y ciertamente más feliz, que nunca antes. Las cosas que más resistimos son las que nos alejan de experimentar la dicha espontánea de la vida. Estamos convencidos que esas son las cosas a las que debemos aferrarnos para defender nuestra comodidad, seguridad y bienestar, pero no en este caso.

No importa lo que estés resistiendo; es la energía de *"No"* la que tienes que soltar. Sólo obsérvala y pregúntate a ti mismo, *"¿Qué es lo que tengo tanto miedo de perder?"*

¿Cuál es la diferencia entre tomar y pedir algo?

Cuando tú tomas, no puedes recibir.
Es como tratar de llenar un hueco sin fondo.
Nunca vas a tener suficiente...
La única cosa que puede llenar ese hueco,
es amor.
Algunas personas sólo toman.
Y toman.
Y toman.
Y toman.
Pero nunca es suficiente.
Porque no pueden recibir.

Todo cae como arena entre sus dedos, como si nunca hubiera existido.

No pueden recibir nada, porque no creen que lo merecen. Cuando pides algo, depende de la energía: si estás tomando o estás recibiendo del corazón.

Cuando la gente pide en las calles, no siempre están tomando: algunos de ellos saben recibir. Yo les doy dinero a algunas personas y no siento nada más que amor; en cambio con otros siento rechazo total.

Todos ellos hacen la misma cosa, entonces ¿cuál es la diferencia?

Algunos están recibiendo desde un lugar de grandeza, pero otros no pueden recibir, porque en su corazón ellos no creen que lo merecen. Esa energía es la que provoca rechazo.

No hay reglas establecidas para nada.

"Yo no les doy a las personas de la calle, porque los estoy apoyando como pordioseros... Yo no le doy a la gente de la calle porque sé que lo van a gastar en drogas..."

Yo no tengo una regla establecida. Yo sólo tengo una respuesta espontánea de mi corazón. No hay bueno o malo, correcto o incorrecto. Sólo viene del corazón. No es del intelecto, no es calculado; sin embargo eso es lo que la mayoría de los humanos hacen. Tenemos respuestas predeterminadas a situaciones específicas. No son inocentes; no son verdad, porque no vienen del corazón.

¿Has visto a alguien en la calle y sientes como que quieres darle cien dólares?

Luego, después de cinco minutos, lo has bajado a dos dólares, porque te surge una lista de razones de por qué no deberías darle cien.

Yo solamente le hubiera dado los cien. No lo hubiera pensado, sólo lo hubiera hecho. Es así como funciona el corazón.

Tengo miedo de que si hablo mi verdad voy a ser rechazada y prefiero evitar la confrontación, inclusive si implica negar mis propios sentimientos. Yo encuentro que es muy difícil ser transparente y honesto, especialmente en las relaciones. ¿Cómo puedo moverme más allá de eso?

Tienes que hacer esa elección cuando llegue el momento. Estás pensando en algo que podría pasar en el futuro, pero en cada momento puedes hacer una elección de caminar hacia tus miedos y hablar la verdad, sin pensarlo anticipadamente.

Haz un compromiso de hacer eso y luego el miedo se va a disolver. Cuando te proyectas al futuro, llevas todos tus miedos pasados a ese momento y no puedes ver las cosas frescas.

Tal vez no sientas ningún miedo cuando la situación se presente, porque estás creciendo todo el tiempo. No vas a saber hasta que suceda, así que sé más inocente.

Hay tanta libertad y dicha por ser encontradas al vivir en el momento. Perdemos la magia de la vida cuando nos enfocamos en algo que deberíamos estar haciendo.

Había una vez un Maestro Zen viejo y muy sabio, que estaba en su lecho de muerte. Una noche, él declaró que el día siguiente iba a ser su último día. La voz se esparció rápidamente, e incontables seguidores, discípulos y admiradores comenzaron a congregarse fuera de su casa, para demostrarle su admiración.

Uno de sus discípulos más amados, al oír las noticias, apurado se fue al mercado. Alguien le preguntó,

"Tu maestro está muriendo en su habitación. ¿Por qué estas yendo al mercado?"

"Quiero comprarle su pastel favorito, para que coma antes de morirse" respondió el viejo discípulo, mientras que se apresuraba por la calle.

El pastel no era uno muy popular en la región y era difícil de encontrar, pero al atardecer, se las había arreglado de al-

guna manera para conseguirlo y corrió a la casa de su maestro con el regalo especial.

La casa estaba llena de susurros inquietos de preocupación: parecía que su amado guía estaba inquieto. Él seguía abriendo y cerrando los ojos, como si estuviera esperando a alguien, pero por no importunarlo, nadie preguntó que ocurría.

Cuando el viejo discípulo finalmente llegó, él dijo, "Bueno, así que has venido. ¿Dónde está el pastel?

El discípulo, muy contento de que el maestro hubiera preguntado por eso, lo mostró triunfalmente.

En el borde de la muerte, el maestro tomó el pastel en sus manos y para la sorpresa de todos, su mano no temblaba. Él era muy viejo y débil, pero su mano estaba estable.

Alguien preguntó en apaciguado asombro:
"Maestro, eres tan viejo y estás al borde de la muerte. Tu último aliento no está muy lejano, sin embargo, ¡tu mano no tiembla!"

Los ojos del maestro brillaban mientras respondía:
"Yo nunca tiemblo, porque no tengo miedo. Mi cuerpo es viejo, pero sigo siendo joven y voy a seguir siendo joven, inclusive cuando mi cuerpo se haya ido".

Con eso, le dio una enorme mordida al pastel y comenzó a masticarlo, un gesto de gran alegría se dibujó en su cara.

Uno de sus estudiantes se arrodilló frente a él y susurró:
"Maestro, nos vas a estar dejando pronto. ¿Cuáles son tus últimas palabras?"

El maestro sonrió, con sus ojos cerrados ahora y dijo:
"Ah, este pastel es delicioso".

Cuando vives en el aquí y en el ahora, inclusive la muerte es irrelevante.

El pastel es delicioso. El siguiente momento no tiene importancia.

Tratamos de buscar lo que está faltando, las sabias palabras mágicas que nos van a liberar de la esclavitud, pero la verdadera libertad está esperando justo aquí, en este momento.

¿La Kundalini, la energía sexual, tiene algo que ver con la iluminación?

Cuando despiertas, toda tu energía comienza a fluir hacia arriba.
Ya no circula más hacia arriba y hacia abajo.
Ésa es la Kundalini.
Yo no sé si la llamaría energía sexual.

Cuando la mayoría de las personas comienzan a expandir su conciencia, primero lo sienten en su segundo chakra, y piensan que están enamorados de todos. Es por eso que los Maestros Isha practican celibato por los primeros seis a doce meses de su entrenamiento. Es una parte perfectamente normal del proceso.

A medida que la conciencia continúa expandiéndose, todos los chakras se activan. Cuando todo se ha abierto, la energía masculina y femenina se casan en el chakra de la corona, y no hay más dos canales de energía; no hay separación de los aspectos masculino y femenino; está perfectamente balanceada, y la energía fluye libremente.

Tú dices que la muerte no existe. Yo no puedo entender eso. Después de tantos años, todavía extraño a mi madre; todavía oigo su voz y percibo su olor. Yo siento una gran tristeza alrededor de su muerte y extraño su presencia física. Por favor ayúdame a entenderlo.

A lo que me refiero es que el amor nunca se va. Nunca se va, porque tú eres ese amor. Tú hablas de escuchar a las personas, olerlas; todo eso está en tu memoria, porque ellos están en tu memoria.

Ellos no se han ido a ninguna parte, porque están dentro de ti.

Yo recuerdo cuando mi padre murió, mucho antes de iluminarme, yo escuchaba su voz. Era la conciencia. Hablaba desde la omnisciencia. Luego recordaba algo, y pensaba que era mi padre, como si hubiera venido a traerme un mensaje.

El amor nunca se va.

Pensamos que se va a algún lado, pero está aquí, dentro de nosotros.

Nunca se va.

Siempre está aquí.

Yo me doy cuenta que cuando doy, casi siempre estoy esperando algo a cambio. En las pocas ocasiones que doy libremente desde mi corazón, sin expectativas, me siento muy plena. ¿Cómo puedo aprender a dar siempre así?

La gente suele dar desde el miedo. Ellos piensan que deberían: "*Si yo fuera una buena persona, lo haría*".

Así que dan y se abandonan a sí mismos. Algunas veces las personas dan para recibir amor, o para manipular a otros.

Del miedo; viene el miedo y, cada vez que haces eso, te estás abandonando a ti mismo.

Pero no te castigues a ti mismo por esto. Estas cosas son habituales, las has hecho toda tu vida.

Siempre hay dos clases de personas:

dadores y tomadores.

Los dos tipos quieren la misma cosa: quieren amor. Ambos buscan el amor en el afuera.

Yo te doy, doy, doy, doy; y tú tomas, tomas, tomas, tomas, tomas.

La gente da para tener control, para sentirse amados, pero si esos son sus motivos, sólo van a terminar sintiéndose resentidos. La gente que toma, no puede recibir. Así que estás perdiendo tu tiempo de todas maneras.

Ésos que dan son usualmente más felices que los que toman, pero no están absolutamente completos, porque su libertad depende de lo que están haciendo. Si no están sirviendo, no experimentan dicha absoluta.

En la conciencia, la dicha se encuentra sólo con ser. Cuando doy, estoy feliz. Cuando no quiero hablar contigo, estoy feliz. No cambia como estoy yo. No tengo que ser de una manera determinada. Sólo soy natural, no me siento obligada a nada. Ésa es la plenitud verdadera.

La conciencia nunca tiene condiciones, sólo da y ahí queda terminado. Sin pensamientos, apegos, necesidad ni recompensa.

Nada es una deuda. Sólo da. Yo doy.

Tiene que venir del corazón.

Cuando yo era pequeña, empecé a usar máscaras para llamar la atención de mi mamá. A medida que crecí, comencé a usarlas para recibir amor de todos a mi alrededor. Escogí una profesión que me hacía sobresalir y me trajo éxito financiero, pero al hacerlo, jugué el truco más grande conmigo misma: ahora, todo el mundo quiere estar cerca de mí, pero desconfío de sus motivos. Me siento incapaz de distinguir entre alguien que realmente me ama y alguien que sólo quiere usarme.

Ése es el lugar donde juegas el rol de víctima:
"Sólo me aman porque quieren algo de mí".
Detente.
La cosa más grandiosa que puedes hacer por las personas es permitirles encontrar su propia grandeza.

Permíteles pararse en su propio poder.
Permíteles a ellos mismos crear sus cosas.

Muchas de las personas que hacen el entrenamiento de maestros vienen a mí con historias de pobreza, tratando de explicarme por qué son incapaces de pagar.

Yo siempre les digo que son maestros creadores. Nunca he visto a nadie que no pudiera crear la forma de hacer el entrenamiento de maestros, una vez que están claros acerca de lo que quieren. Independientemente de su situación económica, si están claros acerca de lo que quieren, lo crean, sólo así.

De la nada.

Luego cuando ven lo que son capaces de hacer, comienzan a confiar más en ellos mismos.

Cambia su vida. Se dan cuenta de lo falso que era su pequeño rol de víctima.

Cualquiera puede crear lo que sea que quiera.

No hay límite.

¿Cómo debo comportarme con las personas que están físicamente enfermas, quienes están acostumbrados a pedir pero nunca aprecian lo que reciben?

Tienes que decidir eso por ti mismo; confía en tu propio corazón.

No hay una manera específica de comportarse.

Algunas personas crean la enfermedad para ser víctimas; para que alguien cuide de ellos; para que la gente sienta lástima por ellos.

Mi madre siempre ha estado enferma. Yo no puedo recordar un momento en que no lo estuviera. Siempre hubo algo malo con ella.

Es una situación graciosa: a través de su enfermedad, ella recibe simpatía y atención, pero paradójicamente, ella también recibe admiración, por ser tan fuerte, y ¡haberse sobrepuesto repetidamente a lo imposible!

Ella crea una respuesta tan dual, que nunca estás del todo seguro si ¡está siendo una víctima o un Dios todopoderoso! ¡Ella tiene ambos aspectos!

Sólo sé real a cada momento y confía en lo que sientes.

¿Cómo puedes saber que estamos afuera de nuestros cuerpos?

Mi conciencia sabe que no estás presente.

Te veo fuera de foco, como si hubiera una neblina.

Lo veo energéticamente; no con mis ojos.

También puedo saber qué emociones estás sintiendo, porque no experimento separación. Si tengo mi atención en eso, yo *soy* eso.

Si no estás presente, o estás fuera de tu cuerpo, lo siento inmediatamente. Inclusive puedo ver lo más sutil.

Muchas personas abandonan sus cuerpos, eso es normal. Cuando somos niños, aprendemos a desconectarnos: mamá y papá están peleando, y nosotros vamos a otra realidad para poder escapar.

Nuestra realidad.

Nuestro pequeño mundo fantasioso.

Si los niños se desconectan en una situación dramática, ¿evitan ser traumatizados, o todavía absorben estrés?

Ellos no evitan nada.

Algunas personas viven permanentemente fuera de sus cuerpos, flotando en exaltación. Pero es sólo otra fantasía; no está más cerca de la verdad absoluta que el sueño de dualidad en el que vivimos.

Hay cierto aspecto de claridad en la exaltación, pero es también un escape. Las personas que están en conciencia exaltada están hablando siempre en términos de otras dimensiones; ellas simplemente perciben otro nivel de dualidad, otro aspecto del sueño; aún no han roto la ilusión de separación.

Para poder despertar, tienes que estar en tu cuerpo. Para poder sanarte, tienes que estar en tu cuerpo.

A algunas personas no les gusta; están muy acostumbradas a evitar lo que sienten, pero la libertad no se puede encontrar ignorando una parte tuya.

La conciencia exaltada puede ser una trampa astuta. No es iluminación, es sólo otra ilusión, otra distracción. Hay gurúes en la India que están tan lejos de sus cuerpos, que no pueden siquiera caminar. Pero no están despiertos; sólo están perdidos en éxtasis etérico. ¡Yo supongo que deben estar bastante felices! Pero para poder experimentar la verdad absoluta, tienes que estar en tu cuerpo.

Tú dices que los animales no sufren, pero yo percibo su sufrimiento. ¿Puedes explicarlo?

En mi experiencia, ellos no sufren.

Los animales viven totalmente en el momento. Ellos no piensan como los humanos: si un perro mata a un gato, no va por ahí pensando,

"¡Oh, no debí haber matado a ese gato! ¿Cómo pude hacer una cosa así? Tendré que ir a Asesinos de Gatos Anónimos: tengo que tratar de controlarlo".

"Es sólo una adicción; la he aprendido de mis padres; ¡así que no es realmente mi culpa!".

Los animales son instintivos, ellos hacen todo naturalmente. Algunas veces aprendieron a imitar nuestras acciones, pero realmente no están sufriendo. El dueño de un perro puede morir, y él se sentará al lado de su tumba o de la cama, pero él no está sufriendo, no está experimentando pérdida, no está extrañando a nadie; es habitual.

Un perro puede dormir todo el día, y a las cuatro y treinta sabe que debe ir y sentarse en la puerta, porque es la hora a la que llegas de trabajar. Él no se sienta ahí preocupado:
"Oh, me pregunto por qué están demorados, deberían estar en casa a las cuatro y treinta, ¡espero que no estén por ahí tomando!"
¡Sólo se sienta ahí!
Ellos no sufren como lo hacen los humanos: los humanos están torturándose constantemente.
Preocupándose por el futuro, reprochando el pasado.
Yo solía sufrir mucho cuando veía a un animal siendo maltratado. Inclusive ahora me molesta si veo un animal en mal estado: algún caballo pobre y viejo en la calle o un pequeño burro tratando de cargar media casa detrás de él.
Pero ellos no están sufriendo; sólo están siendo.

¿Bueno, cómo explicas el suicidio masivo de ballenas?

¡No es un suicidio masivo! Le damos interpretaciones de suicidio masivo, porque siempre proyectamos nuestros dramas, miedos y juicios en los animales.
Las ballenas instintivamente siguen ciertas coordenadas y, a medida que la tierra se mueve y cambia de forma, donde una vez hubo agua, ahora hay tierra. Pero la mente humana proyecta dramas en un fenómeno perfectamente natural. Es un ejemplo adecuado de lo que estaba tratando de explicar: los animales no sufren; ¡somos nosotros quienes vemos nuestro propio sufrimiento en ellos!

¿Cómo puedo saber en qué nivel de conciencia estoy? Quiero saber qué tanto he avanzado. ¿Cuánto más me va a llevar iluminarme?

¡Estos pensamientos te alejan de tu objetivo!
En vez de simplemente estar en la paz, piensas,

"*Cuando tenga las respuestas, entonces voy a estar en paz*".
¿Puedes ver como eso te aleja del momento?
No hay barómetro que pueda medir la conciencia; las únicas respuestas vienen de tu experiencia.
Me hace reír cuando la gente dice,
"*¿Y si me ilumino sin darme cuenta?*"
Yo digo,
"*Si no te diste cuenta, ¡estoy bastante segura de que no estás iluminado!*"
Si necesitas que alguien te confirme tu experiencia, ¡no estás iluminado!
Enfócate en tu conciencia a cada momento. No es una carrera, no es una competencia, lo estás haciendo muy bien. Las dudas y comparaciones te sacan de tu experiencia.
"*Me pregunto en qué nivel de conciencia estoy… He estado haciendo esto por cuatro años; me pregunto si estoy en conciencia perpetua. ¡Yo pensé que estaba en conciencia perpetua!*

Tal vez le debería preguntar a Isha si estoy en conciencia perpetua.

Y si no estoy en conciencia perpetua, ¿Cuánto más me va a tomar llegar allí?

Tal vez Isha no sabe.

¡Tal vez debería preguntarle a alguien más!

Tal vez le preguntaré a uno de los Maestros; ¡ellos van a saber! Ellos deberían estar en conciencia perpetua…

¿Están en conciencia perpetua? Tal vez no funciona…

¡Ciertamente yo no estoy experimentando mucha paz ahora!"

Tú me dices que sea más inocente, y yo me siento totalmente desorientado: ¡es la última cosa que yo sabría cómo hacer!

Te voy a decir lo que es la inocencia.
La inocencia es estar totalmente en el momento.

Inocencia es actuar antes de pensar.

La inocencia es abrazar la magia de todo; no cuestionar nada; soltar todas las percepciones preconcebidas que tienes y encontrar la dicha en todo.

Enfócate en la dicha.

La inocencia es dichosa, juguetona, y eso es lo que tú necesitas.

Tienes que ser más inocente contigo mismo,
siendo dichoso,
como un niño pequeño.

¿Está tu conciencia unida con la de otros maestros iluminados en el mundo?

Nunca dejas de estar unificado con todo.
Estás infinitamente unificado con todo.
Hay sólo una mente conciente.
No hay separación, indistintamente del camino que tomes. ¡Todo es lo mismo!

Yo siempre pensé que la iluminación venía después de la muerte; que no podía alcanzarse mientras tuviéramos un cuerpo. ¿Cómo es posible experimentar la unidad, y al mismo tiempo, tener una experiencia humana?

Con la iluminación, tú continúas teniendo la experiencia de dualidad, pero desde un lugar de unidad. Entonces vives en perfecta unión, sin sufrimiento: es del sufrimiento del que nos estamos deshaciendo.

Sin la dualidad de la mente: el miedo, el sufrimiento, vas a experimentar dicha absoluta. Es totalmente diferente a cualquier otra cosa. Es el estado ideal, percibes el amor en todo.

Hay amor en todo; eso es todo lo que hay.

Es sólo una cuestión de percepción.

Desde una edad muy temprana, hemos sido entrenados para pensar que hay algo que falta, que hay algo malo con nosotros y con el mundo.

Pero esta percepción es falsa; hemos tenido lavados cerebrales a causa de la dualidad, la limitación, el miedo, la crítica y el juicio. Esto no es algo malo. Es perfecto. Nos permite saborear los extremos de la experiencia humana.

Cuando finalmente estás cansado del sufrimiento y regresas a la unidad, la experiencia es increíble. Libre de todo miedo y duda, sólo hay amor y perfección, y la verdadera belleza de esta creación se vuelve aparente, en toda su maravillosa complejidad.

Al final puedes ver claramente, más allá del velo distorsionado de limitación, causado por la confusión y la duda de un intelecto borracho de miedo. Cuando se abraza la magia que la nueva visión revela, no hay duda alguna de que es lo mejor que le puede pasar a cualquier ser humano.

No hay nada más grandioso que la conciencia, nada. Despertar a la verdad después de una vida de mentiras, es la razón por la cual se creó este juego. Esto es lo que has buscado toda tu vida, inclusive si nunca estuviste realmente seguro de lo que te estaba faltando. Es el camino en el que estamos todos, el regreso a la *realidad*.

Cuando soltamos todas nuestras limitaciones, ¿son infinitas las posibilidades disponibles para nosotros?

Teóricamente, sí.

Cuando sueltas todas tus limitaciones, vas a poder manipular la ilusión. Algunas personas la manipulan, inclusive antes de soltar sus limitaciones. Pero ése es su enfoque; poder manipular la ilusión.

Algunos niños pueden hacerlo también. Pueden manipular la ilusión, pueden desdoblarse. Personas muy celestiales también pueden hacerlo. No hay límites de lo que tú puedas crear.

Lo gracioso es que, antes de la iluminación, esas cosas parecen increíbles para nosotros. Fantaseamos sobre lo maravilloso que sería si pudiéramos volvernos invisibles, volar, caminar a través de las paredes; pero con el despertar, pierdes interés. Hay tanta magia que encontrar sólo por *ser*, que ¡no estás interesado en hacer nada más percibido como extraordinario! El deseo se esfuma, porque ya no estás tratando de completar algo.

Antes pensabas,

"*¡Imagínate si pudiera volar, entonces sería feliz!*"

Pero si no eres feliz ahora, sólo estarías volando, pero infeliz.

Hay posibilidades infinitas de lo que puedes experimentar dentro de la ilusión de la dualidad. Todos los límites pueden romperse, todas las leyes de la naturaleza pueden ser sobrepasadas.

Si eso es lo que quieres.

A mí sólo me gusta rendirme a cada momento, y abrazar la magia del aquí y ahora.

Porque no pienso que ví esto antes.

Ahora lo veo claramente.

Así que es como si hubiese un mundo nuevo.

¿La conciencia tiene poderes especiales?

Crea toda la creación. ¿Es eso suficiente?

Yo no estoy enfocada en fenómenos extraños; no me interesa. Todo lo que me interesa es que la gente experimente amor en cada momento. Yo no tengo interés en crear anillos de diamantes o viajar a diferentes realidades, así que nunca pongo mi foco allí.

Yo sólo quiero que la gente se encuentre en dicha y paz en cada momento, y experimentar eso en todo.

¡Yo no soy un mago!
Yo no estoy enfocada en trucos mágicos, así que no sé mucho sobre ellos.
¡Sin embargo Sai Baba lo hace! Él es bueno en eso. Creando anillos...

Cuando la gente dice que vio un fantasma, ¿qué es lo que ha visto?
Dentro de la ilusión, nosotros creamos diferentes realidades. Nuestras percepciones son únicas; algunas personas pueden ver diferentes dimensiones. Estas dimensiones son tan ilusorias como el plano físico.

Yo siento algunas veces entidades alrededor mío, pero yo no pongo mi atención en ellas, porque sé que lo único que existe es el amor.

Ésa es la cosa más grandiosa; saber eso, porque algunas veces nos asustamos con estas cosas, pero ellas no son reales, sólo son parte de la ilusión.

Personas muy exaltadas a veces experimentan diferentes dimensiones, o les hablan a los muertos...

Puedes crear cualquier cosa dentro de la ilusión; hadas, duendecillos, extraterrestres... ¡Toda clase de cosas! ¡La gente crea toda clase de experiencias!

Cuando nadie más los puede ver, la gente piensa que no existen; pero para las personas que pueden ver, ellos son muy reales.

Cuando la conciencia se desarrolla más y más, y tú estás más en tu cuerpo, todas esas dimensiones comienzan a derrumbarse. Si tú no tienes tu atención allí, ellas desaparecen.

Esto es bastante opuesto a lo que las personas piensan. Muchas personas piensan que su percepción celestial va a ser realzada con la expansión de la conciencia. Pero la verdadera conciencia está totalmente basada en el amor. Empieza a borrar estas ilusiones y sólo está muy presente en este momento.

En tu nivel de conciencia, ¿Cómo sabes que tu percepción no continúa siendo parte de la ilusión? ¿O sólo otro nivel del sueño?

Con la iluminación, te vuelves uno con la ilusión; despiertas del sueño.

La ilusión cesa de existir. ¡No puedes ser parte de algo que ya no existe!

Sin embargo, después de despertar, tú continúas viviendo la experiencia humana; todavía funcionas en la dualidad. Tú sabes que aún no estás experimentando la grandeza absoluta; si tú fueras a percibir todo el amor, en su totalidad no manifestada, no podrías jugar más el juego. No podrías sostener la experiencia de dualidad.

Pero estás conciente de eso. Toda la verdad viene en el instante en el que despiertas, ahí entiendes… hasta un punto. No puedes entenderlo completamente, porque entonces la ilusión perdería su poder.

Si pudieras crear todo instantáneamente, no habría más misterio. Siempre tiene que haber ese paso de fe.

Yo creo lo que sea que quiera, muy fácilmente; pero desde un lugar de inocencia. ¡Yo no digo *"manzana"* y una cae en mi mano! ¡Tal vez en cambio, caiga un mango!

¿Entiendes? Una posibilidad de confusión debe mantenerse; un poco de misterio o si no, se acaba el juego. Sólo el más pequeño vislumbre de tu grandeza absoluta ilimitada, causaría que tu experiencia humana despareciera por completo.

He escuchado que la conciencia es el observador. Si yo soy conciencia, ¿Quién está pensando y quién está hablando?

Al despertar, te das cuenta de que tú eres conciencia. Cuando yo hablo, es mi conciencia la que está hablando, desde la omnisciencia. Yo soy eso. Yo soy la conciencia, así que estoy hablando, desde mi conciencia, todo el tiempo.

Antes de la iluminación, tú hablas desde tus surcos. Inclusive ahora, mis pensamientos algunas veces vienen de mis surcos. Pero mi conciencia, la grandeza de quien soy, los atestigua; todos los pensamientos estúpidos, cuando sea que aparezcan. Yo sólo los atestiguo, porque yo sé que no soy la experiencia humana.

Así que tú hablas desde tu experiencia humana. Luego, a medida que tu conciencia comienza a expandirse, vas a empezar a hablar más desde tu corazón, más desde tu propia experiencia, más desde tu propia omnisciencia. Todos tenemos la misma omnisciencia. A medida que la conciencia se expande, vas a experimentar más y más de eso.

¿Qué pasa con la mente al alcanzar la iluminación?
Depende de la persona.

Para mí, todo cambió. Ahora no tengo interés en la lectura, ni siquiera de mi propio libro; es difícil para mí sentarme y leer.

Rara vez escucho música; sólo cuando voy a correr, antes solía escuchar música todo el tiempo: ¡era cantante!

Ahora no tengo interés en temas intelectuales.

Antes era muy intelectual, muy política y muy inteligente; me gustaba mi intelectualidad, y disfrutaba analizar y diseccionar todo, pero ahora, estoy completamente desinteresada.

Mi comportamiento cambió drásticamente cuando desperté. Todo lo que pienso ahora es en relación a la conciencia; solo estoy enfocada en la conciencia. Todo lo que estoy tratando de hacer es que esto se expanda y expanda.

Eso es en lo único que pienso.

¡Yo estaría extremadamente aburrida con alguien que no esté interesado en lo mismo!

Mi creatividad se ha mantenido igual; siempre he sido muy creativa, y eso continúa siendo así. Pero todo lo que creo ahora está inspirado por la conciencia; todo es por la conciencia. Yo no estoy involucrada personalmente en eso; todo lo que hago es enfocarme en traer esa experiencia al mundo.

Tan pronto como desperté, sentí como si el hemisferio izquierdo de mi cerebro hubiera dejado de funcionar. ¡Era muy difícil para mí hacer algo tan simple como leer un libro! Yo pienso que es por eso que no aprendí español. No es porque no creo que sea útil; sólo no quiero. Es difícil para mí enfocarme en algo que no sea mi conciencia.

Pero no todo el mundo es igual. Depende del individuo.

¿El deseo lleva al logro?

Absolutamente.

Si yo decido hacer algo y realmente quiero lograrlo, nada puede detenerme.

Nada.

Todo es acerca del enfoque. Puedes ser una bombilla y sutilmente iluminar una pequeña habitación, esparciendo tu energía en todas las direcciones, o puedes ser un láser.

Un láser va mucho más allá.

Puedes mandar un láser a la luna y de regreso.

Si eres unidireccionado en tu foco, no vas a conocer límites. Entonces no hay nada que no puedas lograr. Todo sólo sigue creciendo.

Mientras más expandas tu conciencia, más grande se vuelve tu creación. Te sorprendes; el universo completo te apoya, porque eso es lo que hace el universo: da, porque es conciencia.

Tienes que estar claro sobre lo que quieres.

¿Es cierto que una persona iluminada puede reconocer a otra?

Sí.

Cuando nos hablamos unos a otros, algunas veces sólo por la mirada.

Cuando veo fotos de maestros, usualmente sé.

O si leo lo que ellos dicen.

¿La expansión de la conciencia aumenta la autoestima?

Totalmente.

A medida que se expande la conciencia, tú comienzas a confiar más en ti. Cuando tú confías desde un lugar de conciencia y omnisciencia, comienzas a hablar la verdad absoluta.

Yo confío en mi misma implícitamente; nunca dudo de mi claridad.

Yo solía dudar de mí misma todo el tiempo. Nadie lo hubiera sabido nunca, porque escondía mi inseguridad detrás de tantas máscaras….. Yo no tenía idea de lo insegura que realmente era hasta que las máscaras comenzaron a caer.

Estaba sorprendida de ver todo el miedo que tenía, detrás de mi buena actuación de seguridad. Siempre supe que estaba ahí, pero no me había dado cuenta que fuera tan profundo.

Cuando te vuelves conciente, y te amas a ti mismo, confías en ti mismo. Las opiniones de los que están a tu alrededor no pueden afectar eso, porque tu estás claro. Yo siempre escucho a mi universo; nunca resisto la oportunidad de ser más y siempre estoy abierta a oír todo; pero no me hace dudar de mí misma.

Así que con el amor a ti mismo, viene la confianza en ti mismo. Cuando te puedes ver a ti mismo claramente, puedes ver a todos los demás claramente. Si no lo puedes ver en ti mismo, no lo puedes ver en los demás. Todo lo que puedes hacer es proyectar en ellos.

Había una vez una paloma salvaje, que vivía en un pequeño nido bien adentro en el bosque, escondida de toda vista, entre los esbeltos troncos solitarios.

No muy lejos, en la casa de un viejo leñador, habitaban algunas de sus parientes lejanas: dos palomas domesticadas.

Un día ella fue a visitarlas, para hablar del clima y del sustento. La paloma salvaje dijo:

"Amo mi vida afuera en el bosque. Unos días encuentro mucho alimento y otros poco, pero siempre hay suficiente. Hasta ahora, nunca he tenido problemas en mi vida. Yo confío en la naturaleza y dejo que cada día me sorprenda".

Las palomas domésticas levantaron un poco la cabeza sorprendidas, y "queriendo lo mejor" para su prima, decidieron decirle la verdad: que en realidad era pobre, que no tenía nada y que vivía en la más absoluta inseguridad, dependiendo del día a día.

Una de ellas le dijo amablemente:

"Nosotras sí que tenemos el porvenir asegurado junto al leñador con quien vivimos. Cuando viene el invierno, vemos al leñador acarrear un saco de grano detrás de otro hasta el pajar, y entonces sabemos que hay bastantes provisiones para los meses que vienen".

Esa tarde, cuando la paloma salvaje volvió a su nido, pensó por primera vez en su vida que ella era pobre. Comenzó a mirarse de otro modo, a través de los ojos de sus primas; comparó su modo de vida con el de sus parientes y se le ocurrió pensar que debía ser estupendo tener el futuro asegurado. Y se lamentó de tener que vivir constantemente en la incertidumbre.

De ahora en adelante, se dijo, lo mejor será que vaya consiguiendo un pequeño almacenamiento de provisiones. Si las puedo ocultar bien, podría vivir más tranquila y segura, sabiendo que siempre tendré suficiente.

Desde ese momento, la paloma salvaje empezó a estar preocupada por el sustento y por el porvenir. Sintió una angustia que no conocía. Y en lugar de más tranquilidad, cada día se volvía más y más inquieta.

La realidad frustraba una y otra vez su empeño por almacenar alimento, y la paloma nunca recuperó su felicidad. Su plumaje empezó a perder su brillo y su vuelo ligereza. Aunque todos los días conseguía su sustento, era como si nunca se saciase; sus preocupaciones nunca la dejaban descansar.

No podía dejar de pensar en lo que no tenía, hasta se volvió rencorosa del estilo de vida cómodo y lujoso que disfrutaban sus primas.

Eso es lo que nos sucede cuando crecemos. Cuando somos niños, abrazamos la vida inocentemente. Pero cuando crecemos, comenzamos a adoptar las dudas y los miedos de los que están a nuestro alrededor. Como adultos, nos estamos preocupando constantemente, no confiamos nunca en nosotros o en nuestras vidas. Sólo retornando al corazón, y reavivando esa inocencia perdida, a través de la expansión de la conciencia, podemos recuperar esa alegre confianza en nosotros mismos y en el mundo.

Tú dices que vivimos una ilusión de dualidad, ¡pero tú también!, todavía tienes un cuerpo; todavía percibes el universo físico. ¿Cuál es la diferencia?

Yo vivo en la ilusión, pero ella no me engaña, yo sé que es una ilusión.

La observo, pero no soy la ilusión.

En realidad, *soy* ella; ¡mi conciencia es todo! Pero puedo ver más allá; ésa es la diferencia.

Nos identificamos tanto con nuestro entorno, que nos definimos a nosotros mismos a través de eso. Creemos que somos nuestros apegos y adicciones.

Cuando regresamos a la verdad, comienzan a caer. Sólo sucede.

Así que a menudo tratamos de buscar una razón más grande y profunda para el significado de nuestras vidas, para explicar todas las cosas que nos suceden aparentemente por coincidencia. Pero es sólo una ilusión. Sólo es la experiencia de dualidad, que existe para que podamos experimentar los incontables aspectos de nosotros mismos.

Pero quien eres, la grandeza de quien realmente eres, nunca cambia.

La apariencia superficial, la ilusión, cambia todo el tiempo, todo el tiempo.

Tú dices que nosotros debemos hablar siempre la verdad, pero encuentro muy difícil ser honesta con mi madre. Ahora, cuando no soy sincera con ella, siento como si estuviera pecando.

Habla siempre la verdad. Eso es sólo un viejo miedo. Hablando la verdad, no te estás abandonando a ti misma. No tiene nada que ver con el pecado, a menos que quieras verlo como un pecado en contra tuya.

Si no hablas tu verdad, si no eres transparente, no te estás amando a ti misma.

La conciencia siempre habla la verdad.

Incluso si tienes miedo, habla tu verdad. Luego vas a poder ver a través de la ilusión del miedo. Cuando lo haces, el miedo cae; no puede existir en la luz de la verdad, porque es falso, no existe.

La conciencia siempre habla la verdad.

La conciencia siempre viene de un lugar de alabanza, amor y gratitud.

La conciencia no se abandona a sí misma.

Tú necesitas atravesar ese miedo y hablar la verdad.
Eso es amarte a ti misma.

Si no hay nada malo, si todo es perfecto, ¿por qué tenemos que atravesar un proceso de sanación? ¿Qué voy a sanar si no hay nada malo?

Yo sé que no hay nada malo.
Sé que nunca hice nada malo.
Para tener esa experiencia por ti misma, tienes que remover lo que no es real. Luego vas a comenzar a percibir la verdad.
El proceso de sanación te permite ver eso; antes de atravesar ese proceso, no percibes la perfección. Antes de atravesar ese proceso, no puedes entender que no hay nada malo.
Luego despiertas y te das cuenta de que eres perfecta, exactamente como eres.
Que nunca hiciste nada malo.
Que nunca hubo nada malo.
Estás teniendo chispazos de eso, pero no es tu experiencia permanente... ¡aún!
Lo será.

Tú dices que eres todo, pero ahora estás encarnada en la forma humana. ¿Vas a tener siempre la misma forma?

¡Me imagino que podría hacer algunas renovaciones!

¿Siempre vas a ser Isha?

Sí.
Pero yo soy todos ustedes.
La forma puede cambiar, pero siempre soy todos ustedes.
Estoy teniendo la misma experiencia.

Estoy teniendo tu experiencia.
Somos todos uno.
Estás tratando de pensar en términos de dualidad, pero es imposible para mí explicarlo en esos términos. Todo lo que puedo decirte es que nunca puedes perder la grandeza de quien eres.
Sólo vas a seguir avanzando.
Es infinito.
Tú estás sólo experimentando una pequeña parte de tu grandeza. Experimentas ese miedo a la pérdida, ese miedo a la muerte; porque sólo estás experimentando una fracción de la verdad.
Nosotros no tenemos idea de la grandeza de quienes somos.
Inclusive la cantidad fenomenal de amor que percibimos al despertar, es sólo un pequeño aspecto de la verdad.
Imagínate: Yo sé que creo todo esto. Yo sé que soy todo esto, pero no puedo verlo en su totalidad, porque si lo hiciera, no existiría más en la dualidad, no experimentaría más ninguna limitación.
Yo conozco el absoluto, pero no lo estoy experimentando completamente; sería imposible mantener esta experiencia humana si lo hiciera.
A medida que la conciencia se expande, podrías suponer que vas a entender más, pero en realidad es lo opuesto; te vuelves más inocente y las preguntas se van.
Te conviertes en amor.
Y el amor sólo es.
En cada momento.
Está en todo, el amor y la perfección.
Sólo experimentándose a sí mismos.
El amor experimentándose a sí mismo.

¿Cuál es la percepción de un Maestro Isha en relación con los temas ambientales?

No existe algo como la *percepción de los Maestros Isha*, porque nosotros no tenemos una posición.

Yo sólo hablo desde mi propia experiencia; no hablo desde la de nadie más.

No tenemos una doctrina o un sistema de creencias; eso convertiría esto en una religión.

Algunas veces las personas tratan de convertir mis palabras en un sistema de creencias, pero a medida que se expande su conciencia, eso se cae.

Cuando comenzamos a expandir nuestra conciencia, queremos algo a que aferrarnos. Al intelecto le gusta tener una serie de reglas; le encanta coleccionar teorías y conceptos. A menudo, quedo sorprendida de las cosas que dicen algunos maestros, porque están tan basados en la limitación y en la dualidad; ellos hablan de conceptos que no tienen nada que ver con la verdad. Pero yo entiendo que al hacerlo, están tratando de construir situaciones en las cuales puedan inspirar a la gente desde su percepción limitada. Al tocar sus sentimientos humanitarios, por ejemplo, pueden motivar a la gente a ir adentro y expandir su conciencia.

Nos gusta tener reglas. Nos gusta que nos digan qué comer y qué hacer; ¡algunos maestros incluso te dicen en qué dirección debe estar tu casa!

A muchas personas les gusta eso.

Ninguno de estos conceptos son verdad; son totalmente ilusorios, porque en realidad, tú estás mucho más allá de la ilusión: ninguna de estas cosas puede afectarte de ninguna manera.

Por ejemplo, tenemos el sistema de creencias de que deberíamos vestirnos de blanco.

¡Ningún color puede afectar a Dios!

¿Cómo puede algo afectar al infinito?

Es sólo una creencia.

Tenemos muchos sistemas de creencias en la ilusión. Inicialmente, tenemos nuestros sistemas de creencias "normales"; las creencias y opiniones que son compartidas por la sociedad en general. Luego nos tornamos espirituales y conseguimos una nueva caja:

"*¡Así es como se deberían comportar las personas espirituales!*"

Ahora, yo estoy aplastando esa caja; no está basada en la verdad.

Tan pronto como desperté, me di cuenta de que mi caja espiritual era sólo otra caja. Vi que la conciencia es una habitación sin paredes, es infinita, tu creación es infinita. Es la matrix de la mente la que crea todas las limitaciones. Es por eso que siempre les recuerdo a las personas que estén abiertas a nuevas experiencias, a abrazar cada aspecto de ellos mismos.

La conciencia está enfocada en la belleza, en la grandeza, en el amor. Su comportamiento natural es cuidar el entorno: nosotros somos el entorno, es nuestra creación.

Así que con respecto al planeta, a medida que elevamos la conciencia, se vuelve más refinada nuestra percepción de los temas ambientales.

Pero desde una perspectiva más grande, desde el punto de vista de la verdad absoluta, sabemos que podemos destruir el planeta y recrearlo en un solo instante, porque no es real; es una ilusión.

¡Pero eso no significa que no nos importe!

Es una dicotomía.

Todos nosotros queremos un mundo ideal y a medida que elevamos la conciencia, el mundo ideal va a comenzar a existir. Habrá paz mundial, no habrá prejuicios, va a existir unión. Ése es el juego que estamos jugando: estamos elevando la conciencia, sanando al planeta, sanándonos a nosotros mismos, volviendo a casa, al amor. Ése es el juego que estamos jugando.

Pero desde una perspectiva inclusive más grande, nunca ha habido nada malo; ¡todo es sólo una ilusión que creamos para jugar este juego!

Cuando desperté y mi percepción se abrió a esta maravillosa experiencia, yo comencé a pensar,

"*¿Cuál es el punto? ¡Nada es real!*"

¡Siempre queremos un punto!

Después de pensarlo por unos momentos, sólo salté completamente y comencé a jugarlo un ciento por ciento.

Juega un ciento por ciento.

Haz todo un ciento por ciento.

¡No tengas miedo!

Estamos tan asustados de todo:

"*No te voy a amar mucho porque me podrías rechazar, así que es mejor que sólo me quede aquí. Yo no voy a llamar... voy a llamar en un par de días. De otra forma voy a parecer muy ansiosa*".

"*No me voy a enfocar mucho en alcanzar mis metas, porque si no las logro entonces me sentiré como una fracasada*".

Así es como nos saboteamos nosotros mismos. ¡Lo hacemos todo el tiempo!

Sé más simple, piensa:

"*Oh, esta es sólo una experiencia humana. Voy a jugarla un ciento por ciento*".

Yo todo lo hago un ciento por ciento.

Tan pronto como haces eso, el universo te da todo en un ciento por ciento.

Es todo acerca de cambiar tu percepción. Sí, queremos cuidar al planeta; sí, queremos la paz mundial; pero lo que más necesitamos es la elevación y estabilización de nuestra propia conciencia, porque entonces podremos percibir la perfección; luego podremos trabajar desde un lugar de dicha, en vez de uno de urgencia y de preocupación, tratando de salvar a alguien o arreglar algo.

Sólo necesitamos sanarnos a nosotros mismos, luego todo sucede naturalmente.

¿Qué piensas sobre el aborto?

El amor siempre es amor.
Tienes que tomar tus propias decisiones, pero el amor está siempre presente.
Nunca puede morir.
Puede cambiar de forma, pero nunca puede morir.
No hay nada que no estemos creando en cada momento.
No hay nada que un bebé no esté creando en cada momento.
Cada uno es Dios creando su propia experiencia, como sea que eso pueda verse. Algunas veces pensamos que se ve bien y otras pensamos que se ve terrible. Es sólo nuestra percepción.

Y en cuanto a la culpa que tenemos alrededor del aborto, los humanos sintiéndose culpables, siendo duros con ellos mismos y castigándose, pensando que han hecho algo malo, es la pérdida de tiempo más grande del planeta.

Si tomas una decisión y no te gusta el desenlace, no lo hagas la próxima vez. No te castigues a ti misma por eso por toda la eternidad:

"*¡Soy tan mala persona!*"

Es increíble cuánto nos juzgamos a nosotros mismos por las decisiones que hemos tomado en nuestras vidas. Nos torturamos a nosotros mismos. La gente viene a hablar conmigo a veces, con un gesto de tormento en su cara, a decirme los secretos más profundos que han guardado por décadas. Ellos me murmuran avergonzados lo que nunca antes se habían atrevido a decirle a nadie. Y yo los miro con asombro, y digo:

"*¿Eso es todo?*
¿¿¿Te has juzgado a ti misma toda tu vida, por eso???"

Nosotros hacemos eso.
¡Pensamos que somos *tan malos*! ¡Pero no lo somos!
Somos humanos.
Hacemos toda clase de cosas raras.
Luego, si no nos gusta nuestra creación, hagamos una nueva elección.

¿Por qué tenemos apegos? ¿Cómo podemos identificarlos y soltarlos?

Es fácil ver cuando estamos apegados a algo, porque hay miedo y comportamiento irracional; te preocupas por perder el objeto de tu apego. Nosotros tenemos apegos porque no estamos completos dentro de nosotros mismos y entonces, vanamente, buscamos el amor propio en otra gente o en otras cosas.

Si sientes miedo cuando piensas que te van a quitar algo, ahí hay un apego. Es muy fácil verlo.

A medida que alcanzas niveles más altos de conciencia, vas a tener que ser muy observador, porque los apegos se tornan más sutiles. Pero hasta entonces, son muy obvios; te llevan al pánico. Si yo hubiera pensando que iba a perder uno de mis apegos, hubiera ido a la guerra para protegerlo.

Eso es lo que me motivó a iluminarme: mi miedo al abandono. Solía paralizarme. Aunque yo era una persona muy poderosa, ese miedo me podía conducir al pánico. Finalmente me consumía. El sufrimiento que me causaba era tan grande, que me empujó a despertar, para poder ser libre de él.

Yo siento un gran respeto por los ancianos. Ellos no son iguales a los adultos, tienen una experiencia diferente. Me inspiran a tratarlos de una manera especial ¿tienen otro nivel de conciencia?

¿Sabes lo que amo de las personas ancianas?

Que han visto dos billones de dramas en sus vidas y luego finalmente, decidieron que ninguno de ellos realmente importaba.

Ellos usualmente han atravesado tanto en la vida, que dejaron de preocuparse. Se rindieron. Sus hormonas no están controlando más sus emociones y reacciones, y han alcanzado un punto donde pueden ver que, después de todo, ¡Nada es importante!

Y esa es la verdad: ¡No es importante!

Ellos son muy inocentes. Es por eso que aman estar rodeados de niños, porque son como niños; están regresando a la verdad, retornando a la inocencia.

Es por eso que son tan adorables; naturalmente inspiran un sentimiento de ternura.

Recientemente me crucé con una mujer anciana en una esquina en Buenos Aires, vendiendo pañuelos desechables. Era tan adorable, que ¡le compré todos los que tenía!

Tengo un niño pequeño que es muy inquieto. ¿Puedo dejarlo que sea él mismo, o debería empezar a ponerle límites?

¡Tienes que tomar tus propias decisiones!

Él está teniendo una experiencia humana y a medida que elevas tu conciencia, vas a comenzar a sostenerlo en su grandeza, pero ¡aún así tendrá que funcionar en la sociedad!

Si empieza a romper la televisión de alguien o a tomar un bate de béisbol para pegarle al carro de alguien, ¡asumo que vas a tener que comenzar a poner algunos límites! Si no, eventualmente va a llegar al punto donde la gente va a dejar de decir,

"¡Oh, que niño tan lindo!".

Pero tienes que tomar esas decisiones tú misma.

Dentro de la experiencia humana, hay una estructura. Tú necesitas enfocarte en la experiencia interna: recuérdale de su grandeza, de enfocarse en su conciencia, en la alabanza, en la gratitud, en el amor, en la dicha y en la inocencia. Todas esas cosas son un subproducto natural de tu conciencia, así que sabrás cómo responder en cada momento.

Por supuesto, hay ciertos comportamientos sociales que tendrá que aprender, pero hay otras cosas que son muy importantes para su crecimiento: siempre anímalo a que sienta sus emociones, es muy importante que no empiece a acumularlas. Foméntale el hablar su verdad, no manipular, ser inocente; todas esas cosas son muy importantes.

Estos son aspectos de conciencia.

Yo puedo hablar sobre la conciencia.

Yo no sé como ser una madre; tal vez de mi perra, pero ¡todos ustedes saben lo mal que se comporta!

Cuando tenemos una reunión familiar, mi hija de dieciséis años siempre discute con mi madre. ¡No se llevan para nada bien! ¿Cómo debo reaccionar en esa situación?

Ese es un drama y tú eres la carne en el sándwich.

Tienes que desapegarte del drama y parar de tratar de salvarlas. Déjalas tener su propia relación, déjalas que se comuniquen entre ellas y que lo solucionen por su cuenta. Mientras tanto, enfócate adentro en vez de tratar de arreglarlo todo.

Es un drama que creamos. Tu hija se queja de tu madre, luego tu madre de tu hija y tú estás atorada en la mitad, porque estás apegada a las dos.

Enfócate en ti misma, suelta el apego y para de tratar de salvarlas.

Déjalas que hagan lo que quieran entre ellas. ¡Sólo están siendo espejos una de la otra! Probablemente sean idénticas, es por eso que se rechazan tanto mutuamente. Sólo enfócate en ti misma. Suelta el control y los apegos.

"Oh, tienen que llevarse bien, por supuesto; ¡son mi madre y mi hija! Tienen que llevarse bien!".

Y no; no tienen que llevarse bien.
No.
No necesitas sufrir por eso, pero estás apegada.
La única forma en que puedes cambiar una situación, es amándote a ti misma incondicionalmente y desapegándote. Yo he visto esta situación miles de veces. Yo viví en el mismo triángulo con mi madre y mi abuela. ¡Era genial! ¡Si mi madre me molestaba, yo corría donde mi nana; y si mi nana me molestaba, corría donde mi madre! ¡Tenía a todo el mundo alrededor mío! ¡Yo era muy malcriada!

Después de escucharte a ti, siento que tengo que desaprender todo lo que he aprendido en mi vida. Por ejemplo, yo solía llorar mucho, pero dejé de hacerlo, porque a la gente no le gustaba; cuando era espontánea, me criticaban, así que paré; ahora pareciera como si tuviera que reaprender a hacer esas cosas y dejar de escuchar lo que dice la gente, dejar de sentirme afectada por sus juicios.

Es tan importante que no te abandones a ti misma; eso te destruye.

Eso atenúa tu conciencia.

Nosotros transigimos para recibir amor en el afuera, pero al hacerlo, nos abandonamos a nosotros mismos.

Al abandonarnos, perdemos de vista nuestra grandeza.

Todo el mundo trata de encajar. Pero la gente que admiramos no encaja. Las almas grandes crean cambio, porque son fieles a su propio corazón.

Todas las personas grandiosas son fieles a su corazón.

Nunca vas a sentirte realmente aprobada, si te abandonas a ti misma para poder encajar, porque al hacerlo, te estás desaprobando a ti misma.

Ámate a ti misma incondicionalmente.

Tú eres perfecta.

Tienes que encontrar esa perfección.
Si el afuera te afecta, sólo siente la emoción y luego regresa al momento.
Tu conciencia va a seguir expandiéndose, hasta que nada más te afecte.
Sé fiel a tu propio corazón. El afuera es un espejo perfecto, mostrándote tus propios juicios y tu propia grandeza.
Suelta la necesidad de aprobación y camina hacia tu miedo. Eres sólo tú.
Yo me siento inspirada por los corazones de las personas. Admiro la grandeza, independientemente de la visión del individuo. Me siento tocada por la pasión de visionarios de caminos de vida diferentes, algunas veces directamente opuestos. Pueden venir de diferentes partidos políticos. Pueden tener sistemas de creencias totalmente incompatibles. No es su política lo que admiro, o su punto de vista; es el poder de sus corazones, la verdad de sus corazones.

La primera vez que llegué a Venezuela, no entendía nada de español, pero solía ver al presidente Chávez en la televisión y ¡pensaba que era genial! No tenía idea de lo que estaba diciendo; ¡el podría haber sido el peor político en el mundo! Pero tenía tanta pasión y amaba a la gente. Él podía haber estado haciendo todo mal, yo no lo sabía; pero podía sentir su corazón.

Cuando le decía a la gente lo mucho que me gustaba, me miraban con completa incredulidad:

"¿Qué quieres decir, te gusta Chávez?"

Yo les explicaba que amaba su pasión, que podía sentir su corazón y que podía sentir su amor por las personas. Yo no sabía si él era un buen político o no, pero podía sentir su corazón.

De eso es todo lo que se trata la vida; se trata de ser fiel a tu corazón. No se trata de estar en lo correcto o en lo incorrecto. Si votas por los de la izquierda, los de la derecha van a decir que te equivocaste. Si votas por la derecha, los de la izquierda van a decir que te equivocaste. Siempre va a existir la dualidad. Siempre habrá alguien que esté de acuerdo y alguien que esté en desacuerdo.

Los católicos piensan que Jesús es grandioso; estoy segura de que hay millones de personas que no. ¿Eso significa que él no es grandioso, sólo porque la gente no está de acuerdo? No.
Él es grandioso.
Él es pura conciencia.
Hasta que volvamos a la unión y dejemos de defender nuestros puntos de vista con tanto fervor, siempre va a haber contradicción.
Sólo sé real y ámate a ti mismo.

Yo sé cuales son mis apegos. Trato de soltarlos, ¡pero ellos siguen regresando a atormentarme!
Es así como trabajan nuestros apegos y limitaciones.
A menudo pensarás,
"¡Guau, ya sané eso, ¿no es maravilloso?!"
Luego, dos meses después, ¡boom! ¡Regresa nuevamente!
"¡Pensé que había sanado eso!"
Luego lo sueltas de nuevo rápidamente.
Luego regresa nuevamente…
… y lo sueltas incluso más rápido.
Hasta que no te afecta más.
Nuestros miedos y limitaciones más profundos están grabados, como surcos en un disco, en nuestras mentes. Ellos son la raíz de todos los patrones limitados de comportamiento. Cuando nos enfrentamos a determinadas situaciones, la grabación regresa a esos viejos surcos, tocando las mismas reacciones una y otra vez.
Luego vas a pensar,

"*¡Estoy haciendo la misma cosa de nuevo! ¡Pensaba que ya la había sanado!*"

Pero entonces sólo la sueltas de nuevo.

Yo todavía tengo pensamientos sobre abandono. Era mi surco más profundo. ¡Tan profundo como el Gran Cañón!

Solía darme pánico.

Ahora, cuando regresa, es como un mosquito. Sólo lo aparto rápidamente.

Eso es lo que les sucede a nuestros surcos con la expansión de la conciencia. No desaparecen, pero pierden todo su poder, porque puedes ver a través de ellos completamente.

La conciencia se vuelve tan grande, que tú sólo atestiguas tu experiencia humana. Tu humanidad siempre va a estar ahí, pero vas a empezar a atestiguarla desde un lugar de amor absoluto. Se vuelve como un zumbido lejano, de fondo, apenas audible.

La gente habla de un espacio de *no mente*.

La *no mente* es estar atestiguando.

Tú sólo atestiguas los pensamientos, para que no te afecten más.

Pero todavía están allí.

La gente se confunde con eso, pensando que la mente debe estar totalmente en blanco, pero es imposible que esté en blanco, porque la energía siempre se está moviendo.

El cuerpo se mueve, la mente se mueve.

El cuerpo se mueve, la mente se mueve.

Algunas veces tus pensamientos van a ser muy esporádicos, pero siempre van a venir en algún momento.

Sólo obsérvalos desde un lugar de amor.

Yo pensé que había sanado el apego a mi hijo, pero recientemente me cuesta mucho estar presente. Siempre estoy pensando en él y eso me hace sentirme ansiosa.

Ve a ese sentimiento y sánalo.

Piensas que deberías estar haciendo algo y eso te hace sufrir. Donde sea que estés, necesitas estar ahí, ciento por ciento. Es una distracción de la mente, que te saca de tu dicha.

Es un drama. Cuando lo veas, gentilmente tráete de nuevo al presente. Siente la emoción y ánclate profundamente en ti misma, en vez de caer en los *debería* y *no debería* de tu insistente intelecto.

Todos los apegos son ganchos. Ellos te enganchan y te mantienen en un limbo de drama y preocupación. Es fácil identificarlos, porque te hacen sentir infeliz.

"*Algo va a ir mal,
estoy haciendo algo mal,
voy a perder algo*".

Siempre es la misma vieja historia.

"*Debería estar con mi hijo.
Si fuera una buena madre, estaría…*"

Cualquier cosa que te saque de tu perfección no es real.

Tú eres perfecta.

Tú estás aquí.

Ahora.

Perfecta,
siendo amor.

No deberías estar en ningún otro lugar. Deberías estar aquí, ahora, anclada en el amor. En el minuto que percibes algo malo, estás en tu cabeza.

Es así de simple.

Dicha y paz:
la conciencia.

Ansiedad, miedo y preocupación:
la cabeza.

Escoge la conciencia. Es muy fácil ver la diferencia.

¿Cuál es la diferencia entre creencia y fe?
La fe es sólo una fuerza mayor.
Es rendirse al corazón.
Cuando despiertas, te das cuenta de que la fuerza mayor es en realidad tu propia grandeza.
La cabeza está siempre en contra de la fe. Ella dice, "*¡No seas ridícula! No hay prueba de eso; es absurdo*".
Te lanza a la dualidad.
Pero el corazón, que es la conciencia, sabe la verdad. Puede ver a través de la ilusión y cree.

A medida que se expande tu conciencia, tu fe, las cosas que resuenan profundo en tu corazón, se vuelven tu experiencia directa.

Tú las ves claramente y los argumentos dubitativos de la mente se disuelven en la luz de la verdad.

La única forma de percibir la verdad es a través de la expansión de la conciencia.

Hasta entonces, va a haber momentos en tu proceso de sanación en los que vas a tener que confiar.

Tu corazón va a saber qué hacer, pero va a depender de ti elegir las preocupaciones de la mente, o rendirte a la forma del corazón.

A menudo cuando me invitan a hablar en la televisión, la gente me ve y se siente tocada. Ellos pueden sentir la energía. Luego, cuando se acercan a mí y ven lo normal que soy, comienzan los juicios. La cabeza entra en juego. Pero el impacto inicial de la conciencia mueve sus corazones, antes de que la mente tenga la posibilidad de resistirse.

¡Eso me recuerda una historia!

Érase una vez, un rey. Amaba a su gente y solía disfrazarse como un mendigo, para poder observar la vida de sus súbditos sin ser reconocido.

Un día, vio a un hombre joven, sentado cerca de la fuente en el parque, mirando fijamente a lo lejos, con cara de serena contemplación. Se acercó y le preguntó qué estaba haciendo. Girando su cabeza para ver al rey disfrazado, el joven respondió con ojos tan llenos de amor, que el rey se sintió conmovido:

"Estoy observando mi reino".

Aunque su respuesta normalmente hubiera ofendido inmensamente al monarca —después de todo, era su reino, no el del joven—, estaba tan impactado por su profunda presencia, que no supo cómo responder. Él se volteó y corrió de regreso al castillo en la suscitada confusión.

Durante los próximos días, el rey se aseguró de visitar siempre al joven durante sus viajes al pueblo. Cada vez que lo veía, le preguntaba lo mismo y siempre recibía la misma mirada de paz profunda y amor inocente, y la misma respuesta misteriosa:

"Estoy observando mi reino".

Después de pensarlo mucho, el rey decidió que este joven no era en realidad un tonto insolente, sino que, en realidad, era un gran sabio.

Decidió revelarle su verdadera identidad y pedirle que viniera y pasara una noche en el castillo. Quería descubrir el secreto de la iluminación de este chico y poder alcanzar la misma experiencia interna de libertad.

Sacándose el disfraz de repente, alardeando y revelando triunfalmente su verdadera identidad, el rey se quedó desconcertado al ver la respuesta despreocupada e indiferente del joven. Su incredulidad creció cuando el chico aceptó su invitación a pasar una noche en el castillo, sin la más mínima muestra de emoción o gratitud.

Sin embargo, complacido de que hubiera aceptado, lo llevó directamente de regreso al castillo en el carruaje real.

Como gesto de hospitalidad, le ofreció la suite más suntuosa de todo el palacio.

El joven aceptó.

Al día siguiente, queriendo compartir más tiempo cerca de su nueva fuente de sabiduría, el rey lo invitó a quedarse otra noche.

El joven aceptó.

El tiempo pasó y el joven seguía aceptando indiferentemente la generosa hospitalidad del rey.

Después de unas pocas semanas, el rey se sintió obligado a ofrecerle un regalo, como era acostumbrado en esos lugares.

El joven aceptó las finas prendas que el rey puso frente a él.

Y los manjares importados.

Y las prendas de oro.

A medida que pasaba el tiempo, el rey se volvía más impaciente. Le había dado lo mejor al chico ¡y él aún no le había revelado su secreto! En realidad, ¡difícilmente le había dirigido la palabra al rey durante toda su estadía! Empezó a sentir resentimiento. Comenzó a preguntarse si el joven era realmente un sabio, o si sólo estaba aprovechándose de su generosidad.

Para no ser descortés, el rey no le dijo nada al joven acerca de sus dudas, pero a medida que pasaban los días, éstas crecían y crecían.

Un día, cansado de la espera y desconfiando de las intenciones del chico, el rey decidió confrontarlo.

Fue a su habitación, ¡decidido a preguntarle si todavía estaba observando su reino! Estaba seguro de que el chico no iba a estar haciendo nada por el estilo: ¡probablemente estaba dormido o como un haragán en su cama!

Irrumpiendo en la habitación, con su pecho hinchado de orgullo, se volteó para hacerle la pregunta al chico...

Pero antes de que tuviera tiempo para hablar, el joven alzó su mano y mirándolo fijamente con sus ojos llenos de serenidad, dijo:

"¡Espera!

Yo sé lo que me vas a preguntar. Tienes algo que preguntarme desde hace mucho tiempo. Pero no voy a contestarte. En cambio, quiero que vayas y le ordenes a tus sirvientes que ensillen dos de tus mejores caballos. Hoy, debemos ir de paseo".

El rey, tan poco acostumbrado a recibir órdenes y nuevamente impactado por la mirada penetrante del chico, salió de la habitación en silenciosa confusión y fue a preparar los caballos.

En la entrada, los dos hombres se montaron en los caballos. El joven arrancó, galopando tan rápido, que al rey le tomó unos segundos alcanzarlo.

A máxima velocidad, galoparon a través del boscoso valle, llegando al otro lado más velozmente de lo que nunca lo había logrado el rey. Cuando llegaron a la cima, la vista impresionante del enorme reino se vislumbraba frente a ellos. El joven no mostró señas de detenerse, continuó galopando hacia abajo por el otro lado de la montaña, mientras el rey intentaba seguirle el paso.

Galoparon por horas, dejando bien atrás las paredes del castillo. El joven no se veía agotado y el rey, sin querer parecer débil, tuvo que usar toda su energía para continuar. Cuando finalmente no pudieron cabalgar más, eligieron un lugar al lado del camino para descansar. A la mañana siguiente, partieron de nuevo, el joven galopando cada vez más lejos del castillo.

Cabalgaron y cabalgaron durante días por lugares del reino que el monarca ni siquiera había visto antes. El rey comenzó a cuestionarse si algún día dejarían de cabalgar, pero la belleza de la tierra era tan cautivadora, que empezó a disfrutar del viaje.

Un día, después de muchos meses, llegaron a una reja. El joven saltó la cerca en su hábil semental, pero antes de hacerlo, el rey gritó:

"¡Espera!

Yo no puedo cruzar esa cerca".

El joven miró a su alrededor, sus ojos sonreían con alegría y regocijo inquisitivo.

"Esta cerca marca el límite de mi reino", explicó el rey.

"Más allá, no tengo nada. Todo lo que yo soy está en este lado de la cerca. Yo no puedo continuar".

"Eso" replicó el joven, sus ojos encendidos con la luz de la vida, "es la diferencia entre tú y yo. Tu reino está contenido dentro de esta cerca, pero el mío está en mi corazón y lo llevo conmigo adonde quiera que vaya".

Así, se volteó, atravesó la cerca con un salto elegante y se fue galopando, lejos en la distancia.

Esta historia ilustra hermosamente, cómo los miedos del intelecto pueden nublar la claridad del corazón. El rey ve la sabiduría del chico al principio, pero luego su cabeza comienza a dudar. Comienza a verse a sí mismo y después no puede ver más al sabio. Sólo puede ver sus propios juicios y el miedo.

Debajo de todo eso, el corazón sabe la verdad.

A medida que voy más profundo en mí misma, estoy sintiendo más miedo. Me vuelvo paranoica y comienzo a preocuparme por las cosas. Yo pensé que iba a sentir menos miedo, ¡no más! ¿Qué está sucediendo?

Eso es perfectamente normal, es parte de tu proceso de sanación. Estás comenzando a ver las cosas que solías evadir. A medida que vas más profundo en ti misma, vas a ver más claramente todo lo que crea separación de ti misma. Esto es bueno, cuando ves tus miedos, puedes soltarlos.

No hay nada de qué preocuparse, tú vas a crear siempre exactamente lo que necesitas. Siempre vas a tener la persona perfecta a tu lado, que te va a mostrar lo que necesitas ver. Puede ser un maestro, puede ser un cajero en el supermercado, siempre vas a recibir las respuestas de algún lado.

El universo está siempre apoyándote. Todo lo que tienes que hacer es estar abierta a escuchar.

Vas a empezar a reconocer aspectos de ti misma en tu entorno.

"¡Oh, yo hago eso!
Oh, esa es una parte mía".

Cuando sea que algo te molesta, eres tú. Puedes jurar que no lo es, pero luego te vas a encontrar a ti misma haciendo exactamente la misma cosa. Y tu universo va a decir,

"¡Ajá!"

¡Después vas a ver que eras tú todo el tiempo!

Vas a poder ver muchas cosas, pero cuando se van, se van para siempre. Cuando estés anclado en la dicha de la conciencia, no te vas a arrepentir de nada. Esos miedos van a volverse un recuerdo distante, que no tendrá nada que ver con tu realidad en el presente.

Yo realmente quiero alcanzar la iluminación. ¿Puedo lograrlo sin convertirme en maestro?

Todos tenemos que atravesar un proceso, pero el proceso no se trata de convertirse en un maestro. El proceso es soltar los apegos y volverte unidireccionado en tu foco.

La gente está asustada de soltar sus apegos, porque piensa que al hacerlo, va a perder las cosas que ama. Pero soltar los apegos no tiene nada que ver con abandonar; se trata sólo de ver a través del miedo.

Las cosas a las que estamos apegados, usualmente son las cosas que nos hacen sufrir.

Nuestro mayor apego es al sufrimiento, aunque juraríamos que no lo es; siempre creamos dramas para poder sufrir.

Cuando estamos anclados en nuestra verdad y en nosotros mismos, y soltamos la necesidad y lo encontramos adentro, podemos despertar. Sólo se trata de sanar la separación.

Pero requiere de coraje.

Debes ser valiente para iluminarte. Necesitas verte a ti mismo y caminar a través del miedo.

Pero si tu deseo es fuerte, vendrá, más rápido de lo que puedes pensar.

¡Así que alístate!

Es gracioso para mí, cuando la gente habla sobre la iluminación: antes de despertar, no tenía idea de lo que era la iluminación. Nunca había oído sobre ella. Ni siquiera sabía lo que significaba. Yo solía pensar,

"Tengo que despertar".

Pero no sabía lo que eso significaba tampoco, yo sólo sabía que tenía que despertar, como si estuviera atrapada en algo que no era real... y estaba; estaba completamente atrapada en mis dramas y en mi sufrimiento.

Cuando yo no tengo el valor de hacer lo que quiero, ¿Qué me está deteniendo? ¿Contra qué estoy peleando? ¿Contra mí mismo?

Es miedo.

Es siempre el miedo lo que te impide hacer lo que tú quieres.

Cuando somos niños, no pensamos; somos inocentes y sabemos que la única cosa que es real es el amor.

Luego nos volvemos tan *responsables;* atravesamos incontables situaciones, que crean miedo y separación, y perdemos de vista la inocencia.

Es por eso que es tan importante estar en el momento; cuando estamos enfocados en la conciencia, los resultados no son los mismos. A menudo, nuestras decisiones están manchadas por el fracaso de experiencias pasadas, pero cuando vives en el momento y eres inocente, todo cambia.

Sé inocente y confía. Aún cuando todo parezca estar saliendo mal.

Sólo salta y abraza lo que sea que suceda.

Aquí hay una historia que ilustra esto.

Había una vez un hombre que decidió ir a un taller de autoayuda en su cumpleaños número treinta. El terapeuta le dijo que necesitaba confrontar sus miedos.

Camino a casa, se quebró la cabeza pensando cuál sería su miedo más grande, para así poder confrontarlo. De pronto recordó aquella vieja casa en las afueras de la ciudad. Todo el mundo sabía que estaba embrujada. Siempre, desde que era niño, había sentido miedo incluso de pasar cerca de ella. Había oído historias tan terribles de lo que sucedía en su interior, que cuando volvía de su trabajo, tomaba un desvío largo, sólo para evitarla.

Decidió que ése era su miedo más grande. Y para confrontarlo, se propuso pasar una noche en la vieja casona.

Empacó una linterna y un saco de dormir en su mochila y emprendió camino, mientras las nubes cubrían la luna de aquella noche oscura y sin estrellas.

Cuando llegó a las enormes puertas de hierro, su corazón comenzó a latir más rápido, pero él ya estaba decidido. Abrió las puertas, que chirriaban, y se internó, caminando a tientas por el sendero que lo dirigía al vacío negro y escalofriante de la sombría entrada principal.

Saltó del susto cuando las puertas se cerraron de golpe tras él, pero continuó su camino.

La casa era enorme y siniestra en la oscuridad. Sus viejas contraventanas cerradas impedían ver su interior.

A medida que caminaba por el sombrío vestíbulo, el viento comenzó a zumbar a través de los corredores, moviendo el denso polvo que flotaba en el aire y agitando las telarañas que colgaban en cada esquina.

Subiendo por la crujiente escalera, a la débil luz de su linterna, se detuvo más de una vez, convencido de que uno de los viejos rostros marchitos de los muchos retratos colgados en la pared, había volteado para mirarlo con desagrado.

Recuperándose, continuó su recorrido hacia lo alto, al ático. Estaba dispuesto a enfrentar su miedo cara a cara, y a pesar de que temblaba de pies a cabeza, nada lo iba a detener.

Finalmente llegó al pequeño ático y sacó su saco de dormir, acomodándose para la noche.

"Esto no es tan malo después de todo", pensó, mientras se disponía a caer en un tibio y profundo sueño.

De pronto fue bruscamente despertado por un ruido estruendoso. Asustado, saltó y escuchó tras la puerta. Su corazón casi se detuvo al oír fuertes pasos:

"Bum,

Bum",

¿Alguna bestia horrible subía las escaleras? Un sonido de lamento estrangulado acompañado de ruido de cadenas, se acercaba cada vez más.

Temblando de terror y sabiendo que no tenía modo de escapar, cayó en cuenta de que el monstruo sólo podía dirigirse al ático. En ese momento tomó una decisión:

"¡No importa cuán horrible sea el monstruo; cuando atraviese esa puerta, le voy a dar un gran abrazo!"

En ese momento, despertó. La tibia luz de la mañana se colaba a través de la vieja contraventana.

Nunca hubo un monstruo; ¡sólo había sido un sueño!

Un pensamiento en su cabeza.
No era real.
Cuando decidió abrazar a su monstruo, todo se detuvo.
Y el miedo desapareció.

Tú dices que nos tenemos que amar a nosotros mismos, ¿pero cómo puedo aplicar eso en una relación? ¿Cómo está eso relacionado con la institución del matrimonio, donde uno depende de la felicidad del otro?

Nosotros proyectamos mucho en nuestras parejas y siempre estamos tratando de cambiarlos.

Nuestras parejas somos nosotros: las cosas que rechazamos en ellos son las partes de nosotros mismos que no nos gustan. A medida que nos sanamos a nosotros mismos, llegamos a amarlos incondicionalmente. Algunas veces ellos permanecen siendo nuestras parejas y algunas veces se van; depende de las circunstancias, pero sólo al sanarte a ti mismo puedes realmente amar a otro.

Tú no puedes amar a alguien incondicionalmente si no te amas a ti mismo, porque hasta entonces, necesitas que te completen. Necesitas que ellos cambien para ser feliz; eso no es amor. El amor es feliz con él mismo. El amor da. No toma. Pero tiene que venir de la conciencia.

No es bueno pretender que se ama incondicionalmente; yo solía hacer eso y ¡terminaba llena de resentimiento!

"Yo era una persona espiritual; ¡tenía que amar incondicionalmente!"

Tienes que amarte a ti misma primero; exactamente lo opuesto a lo que nos han enseñado.

Tratar de alinearse con las acciones de la iluminación, sin haberla experimentado, es una pérdida de tiempo. No puedes concebir algo que aún no has experimentado. Si imaginas a Jesús, por ejemplo, te aseguro que tu idea acerca de él es errónea. Sólo un maestro puede percibir a un maestro; no te puedes comportar como un maestro hasta que estés anclado en ese amor.

Tú tienes que *ser* ese maestro y ése es un lugar donde nosotros nos equivocamos a menudo. *Jesús hizo esto y Jesús hizo lo otro:* no se trata de lo que hizo; es sobre lo que él estaba *siendo*. Él estaba en conciencia crística; él era puro amor.

Puro amor.

Yo terminé una relación antes de iluminarme y fue la cosa más dolorosa de mi vida. Yo pensé que había encontrado la pareja perfecta y al romperse esa relación, comencé a conectarme conmigo misma, y esto me llevó de vuelta a casa.

Esta persona representaba mi separación y yo pensaba que estaba viviendo el duelo de la pérdida de la relación, pero no era así, en realidad estaba viviendo el duelo de la separación de mí misma.

En ese tiempo yo era una artista, y procesaba mi duelo escribiendo canciones. Ahora, cuando leo las letras, me doy cuenta de que me las estaba cantando a mí misma. Todo el amor que veía afuera, cada mensaje que había escrito, era para mí.

¿Qué pensabas del Papa Juan Pablo II?

Él era lindo.

Tan valiente.

La forma en la que se mostró tan vulnerable ante el mundo, tan humano. Verlo tratando de hablar aún durante su enfermedad, me tocó profundamente.

Lo ví abrazando al Dalai Lama.

Pude ver el amor que tenía por los niños.

¡Siempre estaba besando bebés!

Yo pienso que era hermoso. Nunca me enfoco en el sistema de creencias de las personas; siempre me enfoco en sus corazones.

Él era un hombre excepcional.
Excepcional.

Me enseñaron a creer que cuando morimos vamos a Dios. En otras religiones las personas creen en la reencarnación. ¿Cuál de estas creencias es más cercana a la verdad?

Ninguna en mi experiencia.

Bueno, de alguna manera uno lo hace: te vuelves uno con el padre, pero ya lo eres; sólo que no eres conciente de ello; estás experimentando una ilusión, diseñada para hacerte creer que estás separado de la fuente de todo amor.

Tú eres siempre el amor, siempre.

Ninguno de esos conceptos lo explica por completo. Son intentos para consolar al intelecto, porque el intelecto no puede percibir la grandeza de la verdad; sólo puede hacerlo el corazón.

Pensamos que hay algo que alcanzar, un lugar adonde ir, ¿y si sólo estuviéramos destinados a ser? ¿A tener esta experiencia y sólo ser más y más amor?

Eso es lo que yo percibo de la verdad.

Yo me confundo mucho cuando dices que todo es perfecto. Veo tantas cosas malas en el mundo.

No vas a entender lo que estoy diciendo hasta que lo experimentes por ti mismo; es imposible.

Trata de ser como un niño. Sólo suelta:

"Yo no entiendo, pero lo haré".

Sólo sigue rindiéndote al momento. Durante el proceso de sanación, todo va a parecer muy injusto y sin sentido.

Yo tuve la misma experiencia. Solía pensar que había algo terriblemente malo con la humanidad. Siempre estaba tratando de cambiar el mundo. Odiaba la injusticia y los prejuicios; trataba de ayudar a los indígenas; peleaba contra las minas de uranio. En un minuto yo era comunista, al siguiente era capitalista. Cambiaba todo el tiempo, tratando de arreglar la humanidad, sufriendo por el estado del mundo.

Nos tenemos que sanar a nosotros mismos, para poder ver que no hay nada malo. Sólo es la ilusión de la dualidad.

Yo siempre he sido muy inocente. Si alguien me dice que hay un burro volando arriba, yo diría, ";dónde?" Siempre he creído todo lo que me dicen y eso me ha traído sufrimiento; pero al mismo tiempo, valoro esa cualidad en mí. Mi hijo es también así y me temo que va a sufrir como yo lo hice. Quiero protegerlo de eso, para que no tenga que atravesar el mismo dolor.

¡Quieres protegerte a ti misma!
Suéltalo.
Es grandioso ser inocente.
¡Es grandioso sufrir!
Es grandioso, porque cuando has sufrido lo suficiente y finalmente te cansas de eso, decides iluminarte.
¡El camino es mucho más rápido de esa forma!
Si lo proteges de todo el sufrimiento, puede que nunca busque nada más.
¿Y si el sufrimiento fuera lo que trae color a nuestras vidas?
¿Y si para poder experimentar amor verdadero, amor incondicional, tu tuvieras primero que experimentar sus opuestos?
No puedes conocer la luz sin la oscuridad.
El sufrimiento está en tu cabeza. Este momento es perfecto.
¡Detén tu cabeza y vas a estar en el cielo!

A medida que expando mi conciencia, ¿la sanación física, mental y emocional ocurre simultáneamente? ¿Esos aspectos diferentes se van a unir como uno?

Cuando estás anclada en la conciencia, estás presente en todo, porque estás anclada en el amor. La unión en la que estamos enfocados es la única cosa que es real. La unión es la conciencia y está en todo. Nosotros percibimos todo como diferente, pero nada es diferente; es exactamente lo mismo.

Los científicos ahora han probado esta unidad subyacente, pero cuando estás iluminado, realmente experimentas esa unión y te das cuenta de que no hay nada más que eso. No hay nada más que la conciencia, no hay nada más que el amor.

Todo se alinea con esa experiencia. La mente, el corazón, el cuerpo; todo se unifica. El cerebro experimenta coherencia perfecta, regodeándose en la conciencia de nuestra verdadera grandeza; del ilimitado amor a uno mismo.

Todo está unificado en esa experiencia. A medida que la conciencia se expande, remueve todo lo que está separado: todo el miedo, todas las limitaciones. La conciencia se deshace de todo lo que no sirve, y como consecuencia, todo se realinea: los chakras, el ADN, todo.

Experimentamos una parte muy pequeña de nuestra verdadera grandeza. Estamos teniendo una experiencia perfecta de limitación.

Imagínate: tú creas esta ilusión en cada momento, mientras eres totalmente inconsciente de ello. Toda la creación es tuya, en cada momento. Así que imagínate lo poco que entiendes de tu grandeza.

En realidad, todo está dentro de tu conciencia; es todo lo que existe.

La separación es una ilusión.

Tú no eres parte de nada.

Eres la totalidad del todo.
De todo.

Yo estoy muy apegada a mi imagen. Me da miedo lucir ridícula en público.
¿Qué es una imagen?
Es una copia de algo.
Tú eres un diamante.
Única.
Brillante.
Transparente.
Luz radiante.
Cualquier imagen falsa, será una lamentable sombra de esa luminosidad incomparable.
Una imagen es una copia; no es verdad.
No viene del corazón.
Es una imitación sin ningún valor.
Sé original.
Sé tú.
Y ama esa unicidad completamente.

*****

Me gustaría que Durga, mi traductora, compartiera su experiencia del despertar con ustedes.

Mi experiencia de iluminación fue muy diferente a la de Isha; en realidad, la experiencia de todos es única.

Por muchos años, yo estudié las experiencias de los maestros, pero al despertar me di cuenta de que cada uno crea su propia experiencia; es única y profundamente íntima.

Para mí, fue tan suave como la muerte y tan suave como el nacimiento. Yo me rendí a la muerte: sentí como si estuviera muriendo y me rendí con dicha profunda a mi muerte. La muerte no tiene nada que ver con lo que la mente piensa que es; no es una pérdida; es un paso, es el movimiento de un instante y en esa rendición total, vino mi despertar.

De pronto, estaba sintiendo, sabiendo y siendo absolutamente todo. No había diferencia o separación de nada; sólo yo, expresándome a mí misma, a través de todo. Yo tuve esa experiencia de ser lo que estaba dentro de todo. Sin tiempo, sin espacio; No había nada diferente a mí, yo era todo y todo era un punto. ¡Yo era un punto! Era gracioso, porque mientras todo esto estaba sucediendo, Isha se estaba unificando a mi lado. Cuando sentí que se movió, le dije:

"¡Estoy despertando! Acabo de despertar".
Ella saltó y dijo:
"¿Qué pasó? ¿Cómo fue?"
Yo le dije,
"Yo soy todo. Soy un punto.
Todo es un punto. No hay nada más que eso.
Todo está en un punto".
Ella dijo,
"¿A qué te refieres con un punto?"
Ella se convirtió en Dios cuando despertó; ¡yo me volví un punto!

La cosa más maravillosa fue la libertad, la libertad del miedo. Desapareció completamente. No tenemos idea de lo que puede ser vivir sin miedo. El miedo no nos deja vivir, no nos permite ser lo que realmente somos. Cuando vives sin miedo eres totalmente quien eres.

La cosa más importante es no tener una idea de cómo debería ser. Yo gasté veinte años de mi vida estudiando cómo todos se habían iluminado, tratando de copiarlos. Pero lo único que hice fue complicar las cosas, porque empecé a seguir cada uno de sus sistemas, para ver si podía alcanzarlo, como ellos lo habían hecho. Yo tenía ideas preconcebidas.

Una de las cosas que tuve que soltar fue la idea de iluminación que tenía. La expectativa.

Porque la rendición va por una ruta diferente.

La expectativa está en la cabeza, pero la rendición viene siempre del corazón. En la cabeza hay división, en el corazón hay unidad. De eso es de lo que se trata.

Puede lograrse.

Está en cada uno.

En cada uno.

Es cada uno.

No hay nada que no sea eso.

Ése es el punto. No es algo que lograr que ya no tengas. Es rendirse totalmente a lo que eres.

En la iluminación, ¿percibimos todo como sucediendo en este momento? ¿Todo el pasado y todo el futuro, sucediendo ahora mismo?

Cuando yo desperté, la primera cosa que fue muy clara para mí, es que todo es amor.

Es lo único que existe.

Está en el todo.

Ésta es una matrix creada por la mente, tejiendo una ilusión de miedo y dualidad, en la cual podemos experimentar ser totalmente humanos, llenos de contrastes; crea un increíble paisaje de diversidad y maravilla.

Amor y sufrimiento.

Abundancia y escasez.

Es un enorme lienzo encima del cual podemos explorar los muchos colores y tonos de los extremos de la vida humana.

Nosotros creamos esta ilusión para perder de vista nuestra inmortalidad. Vemos nacimiento y vemos muerte; estudiamos historia y encontramos pruebas científicas que nos muestran, sin ningún asomo de duda, que el mundo tiene billones de años de antigüedad. Qué increíble ilusión; tan increíble que convence a Dios de que es pequeña, vulnerable e insignificante; de que va a morir, como si Dios pudiera de alguna manera dejar de existir; de que es limitada; una ilusión tan ingeniosa, ¡que engaña a Dios para que experimente miedo!

Éste es el maravilloso juego de la dualidad.

Es un juego.

No es real.

Yo me di cuenta de esto en el momento en que desperté.

Yo me di cuenta de que no era para nada quien yo pensaba.

Yo era todo.

Yo soy tú, tú eres yo. Todo es exactamente lo mismo.

Todo es magnífico.

Todo es perfecto.

Todo es amor.

El amor infiltra todo, y eso nunca cambia.

El amor está siempre allí.

La ilusión cambia, porque la ilusión mantiene el tiempo; la ilusión mantiene el espacio; la ilusión mantiene la limitación; pero es sólo una ilusión.

Yo estoy pasando por situaciones terribles en mi vida. No veo venir nada bueno de ellas. Justo cuando pienso que las cosas van a mejorar, algo terrible sucede, una y otra vez.

Todo es perfecto en cada momento, siempre. Siempre va a haber dualidad. Es tu respuesta a esa dualidad lo que importa.

Si te anclas en la conciencia, no puedes sufrir. Es imposible.

Nuestro sufrimiento viene de la matrix del intelecto: juzgando, comparando, analizando,

"*¿Por qué tengo que pasar por esto?*"

Porque estás experimentando dualidad, ¡por eso es!

Si paras de engancharte en las dudas del intelecto, no te vas a sentir atrapada por las situaciones de tu vida. No te van a hundir más en el sufrimiento.

Si dejas de andar por ahí, tratando de cambiar todo y regresas a la inocencia, vas a experimentar la perfección. La inocencia abraza todo con alegría; no tiene expectativas ni ideas de cómo las cosas deben verse.

Te voy a dar un ejemplo.

Imagínate una familia que va a pasar el día a la playa. En el camino, nubes de lluvia enormes aparecen en el horizonte. Cuando llegan a la playa, está lloviendo fuertemente y el mar está picado y gris, las olas reventando violentamente en la arena.

¿Les importa a los niños?

¡No, por supuesto que no! Ellos aman la playa de cualquier manera. Ellos no se sientan ahí pensando,

"*Si estuviera soleado, estaría pasando un buen rato*".

Corren en la lluvia y aún así se divierten.

A ellos no les importa. No tienen una idea de cómo necesitan verse las cosas.

A medida que vamos creciendo, perdemos esa inocencia. Coleccionamos pequeñas cajitas y etiquetamos todo como bueno o malo.

¡No hay nada malo! Sólo es diferente. Cuando estás anclado en la conciencia, puedes ver eso.

Luego la vida se vuelve el cielo.

Finalmente puedes disfrutar de la dualidad, en vez de juzgarla.

¡La dualidad es genial! Es el paisaje de la vida. ¡Sería terriblemente aburrido si todo fuera siempre lo mismo!

Como adultos, nos hemos vuelto adictos al sufrimiento. Cuando todo está saliendo bien, ¡siempre conseguimos arruinarlo!

Creamos un drama, para poder sufrir.

"Estoy tan contenta… ¡más vale que empiece a sufrir!"

Es un hábito, porque amamos sufrir. Es la cosa más difícil de soltar para los humanos.

Pero con la conciencia, esto comienza a cambiar.

El otro día tuve que levantarme a las cinco de la mañana para tomar un avión a Paraguay.

"¡Quiero ir más tarde! ¡Estoy cansada!", me quejaba.

Luego pensé,

"No puedo llegar tarde, tengo que llegar a tiempo, todos van a estar esperando a que yo llegue…"

Cuando llegamos al aeropuerto, no me dejaron subir al avión; ¡no tenía idea de que los australianos necesitaran visa para ir a Paraguay!

Así que a la mañana siguiente, tuve que levantarme a las cinco de la mañana de nuevo, ¡está vez con mi visa!

Pero no sufrí, ¡sólo me reí!

La inocencia es la clave.

•

¿Puedo despertar mientras sigo viviendo con mi familia?

Sí.

¿Puedes iluminarte sin soltar el apego con tu familia?

No.

Pero no tienes que abandonarlos para soltar el apego. Para poder despertar, tienes que anclarte en el amor; en el amor a ti misma, y luego, este amor se extiende a toda la creación.

Es necesario estar muy en contacto consigo mismo, para ver los lugares en que nos aferramos, que nos hacen sufrir, en los que nos apegamos para sentirnos más completos.

La gente habla del amor incondicional de la madre, pero el amor maternal es uno de los más condicionales que he visto.

"Te amo exactamente como eres... ¡Pero quiero que hagas esto, esto, esto, esto, esto y esto!"

Las madres adoran este rol, porque pueden controlar el amor. Las hace sentirse seguras, ¡al menos, hasta que el niño se vuelve adolescente! ¡Ahí es cuando empiezan los dramas! Es ahí cuando comienza el conflicto.

Entonces puedes ver finalmente cuán apegada estabas, cómo encontrabas una falsa seguridad en el amor que podías controlar.

El amor verdadero no controla. Si lo hiciera, no sería amor.

El amor no tiene control.

El amor verdadero conoce su propia grandeza y permite a los demás abrazar la propia.

Lo mejor que podemos hacer por nuestros niños es amarnos a nosotros mismos incondicionalmente, porque entonces podremos ver su grandeza, en lugar de utilizarlos para encubrir nuestra propia debilidad.

Para poder alcanzar la iluminación, debemos soltar los apegos. Yo solía estar apegada a mi perra, por ejemplo, y fue lo que más me costó soltar cuando dejé Australia. Ahora tengo otra perra, pero ya no estoy apegada, entonces cuando estoy con ella, ¡Es la cosa más hermosa del mundo! Pero cuando parto de viaje, hasta me olvido de ella. ¡Porque estoy aquí, ahora! Yo sé que todo el mundo crea perfectamente, ¡Incluyendo mi perra! ¡Especialmente mi perra! ¡Ya que todos están pendientes de ella!

Puedes iluminarte sin dejar a tu familia, pero vas a tener que verte a ti mismo.

"Oh, me estoy aferrando...
Estoy apegado...

Puedo soltar…"
Eso no es abandono.
No confundas eso con el abandono.
El amor sin apego es la forma más grandiosa del amor. Es amor puro.
Da. No toma.

En mi matrimonio no puedo ver claramente. Mi esposa me engancha en peleas todo el tiempo. ¿Cómo puedo volverme más conciente de mis reacciones y usar esta situación para crecer?

Esos ganchos son apegos.
Pueden ser apegos a la aprobación, a salirte con la tuya o simplemente un apego al drama.

Tú puedes dejar esas jugarretas; y dejar de responder; puedes dejar de engancharte siempre de la misma manera. Es algo muy sutil, lo has hecho toda la vida.

Nos enseñaron a manipular y esto se transformó en un hábito; lo hemos estado haciendo desde una muy temprana edad. Entonces cuando comienzas a verlo, y te tornas conciente de eso, pierde su poder.

Pero para eso, tienes que ser muy conciente de ti mismo.
Cuando lo veas, suéltalo.
"Yo no voy a jugar ese juego".
"No necesito tener la razón".
"No tengo que ganar".
Entonces, lo sueltas y te traes a ti mismo, a este momento. Ámate a ti mismo en este momento y ánclate así en la conciencia.

Cuando dejas de repetir esos enganches puede que tu pareja, ¡hasta se sienta muy molesta! Pero luego va a cambiar. El otro no es más que tú mismo en el afuera.

Puedes elegir no jugar lo viejo.

Yo practico Budismo Zen y el Sistema Isha. ¿Son compatibles?

Eso depende de cada individuo.
En mi experiencia, cuando hago algo, lo hago un ciento por ciento.
Si yo divido mi foco, no experimento nada en su totalidad.
Si estuvieras completamente satisfecho con el Budismo Zen, no habrías ido a buscar algo más. La elección es tuya.
Yo sé cual es el camino más rápido, pero sigue siendo tu elección.
¡No todo el mundo quiere ir rápido!

¿Es la omnisciencia intuición refinada?

La omnisciencia es el lenguaje del corazón.
Es el amor.
Ve a través de la ilusión.
Percibe la verdad absoluta.
Como estamos experimentando la dualidad, hablamos desde el intelecto. Analizamos, tratamos de entender, comparamos; nuestra percepción es dual.
La omnisciencia está basada en la unión y sucede cuando vemos a través de la ilusión. Comenzamos a experimentar la verdad a medida que la conciencia se expande.
Cuando estás en dualidad, experimentas todo en el afuera.
Cuando estás en unión, experimentas todo en el adentro.
Cuando estás en dualidad, experimentas separación.
Cuando estás en unión, sabes que eres todo; y que no hay nada más que eso.
Que somos todos uno.
Que tenemos todo.
Siempre.
Siendo uno.

Nuestra percepción cambia ciento ochenta grados. La experiencia interna cambia completamente.

En unidad, hablas desde la omnisciencia. La omnisciencia resuena con tu corazón, no con la cabeza. La cabeza trata inútilmente de entender, pero no puede.

La omnisciencia es repelida por el diálogo caótico de la mente.

Yo no puedo escuchar a la gente cuando me habla desde su cabeza. Yo no los oigo; es como si estuviera sorda. El razonamiento del intelecto no tiene sentido para el corazón. No es omnisciente. No es vulnerable. No es real.

Yo siento que mi corazón está cerrado. Quiero abrirlo, pero no puedo.

Lo estás haciendo ahora.

Estás siendo vulnerable y hablando tu verdad.

Sólo debes estar abierto a sentir tus emociones, para que puedas sacarte todos los escudos de tu corazón.

Tenemos tanta protección, que no podemos siquiera escuchar, porque tenemos escudos encima de nuestros corazones.

Tenemos tantos sistemas de creencias rondando en nuestras mentes que sólo podemos oír nuestros propios miedos.

Eso va a cambiar. Sólo sé gentil contigo mismo y siente cualquier emoción que surja.

¿Es el ego el que busca la iluminación?

¡Yo diría que es el corazón!

El ego es el que *no* busca la iluminación.

El intelecto ni siquiera quiere creer que pueda existir.

De hecho, va a tratar de hacer todo lo posible para mantenerte alejado de esa experiencia.

El corazón es el que anhela retornar.

Siempre estamos buscando amor, y lo buscamos fuera. Buscamos y buscamos, pero nunca estamos satisfechos. El corazón se mantiene incompleto. Quiere regresar a casa. Está buscando la iluminación. Quiere sentirse completo. El intelecto nunca va a estar completo. ¡No se supone que deba! El intelecto es brillante, pero también es un tramposo, que está diseñado para mantenernos en dualidad. Yo digo que el ego es esa pequeña vocesita que desde dentro de tu cabeza te mantiene pequeño; no es la vocesita que dice que se ama a sí misma.

En la iluminación, ¿el intelecto se rinde al corazón?

De alguna manera pierde su poder. Ya no te controla. Pero siempre tiene algo que decir. ¡Nunca se rinde completamente! Tú necesitas de tu intelecto para poder tener una experiencia humana.

¿Cómo puedo vencer mi miedo a la muerte, para que cuando llegue, no esté asustada?

Cuando llegue el momento de la muerte, no vas a estar asustada.

A medida que expandes tu conciencia, la ilusión del miedo cae.

Te das cuenta de que no es real; que es imposible morir, imposible. Vas a saber eso, a través de la expansión de la conciencia.

Algunas veces la muerte es nuestro miedo más grande; puede ser un gran apego. Tú necesitas rendirte a eso también. Tienes que estar dispuesta a morir, a ver a través del miedo.

Muchas personas sienten como si se estuvieran muriendo cuando se iluminan.

Tienes que estar dispuesta a rendirte a eso también.

Yo experimento mucha más paz interior que antes. Cuando se vuelva permanente y las circunstancias externas no afecten más mi bienestar, ¿no voy a sentir más la necesidad de hacer cambios en mi vida y sólo voy abrazar todo tal cual es?

Eso se va a volver muy claro para ti.

La conciencia te vuelve conciente de ti misma.

Vas a ver donde estás transigiendo, donde no te amas a ti misma; todo va a volverse muy obvio.

Cuando te vuelves conciente de estas resistencias, vas a tener que tomar una elección si quieres seguir creciendo.

Puedes ignorarlas, pero no se van a ir.

Eso es lo que amo de la conciencia; te muestra todo.

No lo puedes negar. El universo lo va a magnificar más y más, hasta que finalmente dejes de evitarlo y atravieses la limitación.

Siempre siento al intelecto como el enemigo. ¡Es como si tuviera que ser más listo que él antes de que él se burle de mí!

El intelecto no es el enemigo.

¡El intelecto es grandioso!

Si quieres alcanzar la libertad absoluta, tienes primero que llegar a ser maestro de tu intelecto. El intelecto nos permite tener nuestra experiencia humana, porque nos mantiene en dualidad, pero es sólo una pequeña parte de la mente. Para poder experimentar conciencia, debes moverte más allá de este control.

La conciencia es mucho más grande que el intelecto; lo atestigua. Toma lo que necesita del intelecto para poder tener una experiencia humana, pero ve a través de las cosas que nos hacen sufrir.

Ve a través de los pensamientos que están basados en el miedo, que te hacen aferrarte, en vez de soltar, que no te dejar fluir.

Ama a tu intelecto, no lo tornes en algo malo.
Ve a través de él.
A medida que se expande tu conciencia, las dudas y trucos de la mente van a caer naturalmente.

Una vez, un grupo de mosquitos disgustados fueron a quejarse al jefe de la policía.
"Sargento, usted es la voz de los maltratados en estos lugares. Usted habla a favor de los pequeños y los débiles y ¡no encontrará aquí alguien más pequeño que nosotros! ¿Nos va a defender?"
"¿Quién los ha maltratado?",
preguntó el sargento, perplejo. ¡Nunca había recibido quejas de mosquitos antes!
"Nuestra queja es contra el viento",
replicaron los mosquitos, zumbando alrededor de su cabeza.
"Ah".
Dijo el sargento.
"Entiendo. Pero no puedo emitir juicios sin escuchar ambas partes"
"Por supuesto", asintieron los mosquitos.
"Summon, viento del este", llamó el sargento.
Casi inmediatamente, el viento llegó en un torbellino.
Cuando el sargento se volteó para escuchar la acusación de los mosquitos, no se veían por ningún lado.
¿Dónde estaban?
Se habían ido.

Tal es el destino del molesto intelecto en la presencia de la conciencia.

Cuando la verdad absoluta aparece, las quejas de la mente desaparecen.

Primero hay muerte, luego unión.
Como mosquitos en el viento.

¿Por qué es necesario sentir las emociones?
Es natural para los humanos tener emociones.
Cuando somos niños, nuestras emociones se mueven libremente.
Si estamos felices, estamos felices.
Si estamos tristes, estamos tristes.
Si estamos enojados, estamos enojados.
Todo se mueve muy rápidamente.
Todos los niños tienen emociones. Es una parte perfectamente natural de la experiencia humana. Luego, a medida que crecemos, aprendemos a conformarnos para recibir el amor de afuera y comenzamos a acumular nuestros sentimientos. En la mayor parte del mundo, a los hombres se les enseña a no llorar, porque tienen que ser fuertes; las mujeres no se deben enojar, porque tienen que ser recatadas y dulces en todo momento. Para poder encajar en estas restricciones falsas, comenzamos a reprimir todo. Yo solía guardar toda mi rabia y la mayoría de mis lágrimas también, siempre intentando parecer fuerte.

¡Es tan importante sentir tus emociones!
Para evitarlas, aprendemos a desconectarnos de nosotros mismos.

Es increíble lo desconectados que estamos sin darnos cuenta: yo siempre pensé que estaba muy conectada, pero no lo estaba.

Es tan importante estar en contacto con nosotros mismos, tan importante. Cuando comenzamos a sanar, algunas veces se ve un poco extremo, porque todas las emociones reprimidas comienzan a salir a la superficie. Después todo se balancea y nuestras emociones comienzan a fluir más espontáneamente. Ellas se mueven más rápidamente: cuando yo lloro, es sólo por un momento, luego me siento contenta de nuevo, como un niño. Si estoy enojada, se mueve muy rápidamente y luego estoy feliz de nuevo.

Nuestras emociones se mueven naturalmente cuando dejamos de juzgarlas.

Ellas son perfectas.

Es tan importante estar limpio emocionalmente, para poder sostener la vibración de la conciencia. Es muy importante que te conozcas a ti mismo; no estar tan desconectado.

¿Cómo puedo sanar el miedo y la vergüenza?

Todas las personas tienen miedo. Tienen mucho miedo de perder aprobación.

Fingimos todo el tiempo para ser aceptados por los demás, pero la ironía es que todos hacemos exactamente la misma cosa; pensamos que estamos haciendo un trabajo buenísimo convenciéndolos a todos:

"*Realmente me caes bien ¡eres fabulosa!*"

Mientras que al mismo tiempo, estás pensando,

"*¡La odio tanto! ¡No la quiero ver nunca más!*"

Pero no estamos engañando a nadie, porque todos ellos hacen la misma cosa; todos pueden ver a través de nuestras actuaciones, ¡porque ellos también juegan el mismo rol!

La gente puede ver a través de nuestras máscaras. Pero requiere coraje quitárselas. Irónicamente, y cuando finalmente lo haces, recibes más aprobación que nunca, porque vas a estar aprobándote a ti misma.

Hablar la verdad es como ejercitar un músculo; el músculo del corazón.

A medida que usas más ese músculo, esa conciencia de ser verdadero, va a ser más fuerte. La verdad se vuelve una energía que se mueve hacia fuera; es la energía del corazón.

Va a llegar un punto, donde lo único que puedes hacer es hablar tu verdad. Yo siempre tengo que hablar mi verdad. Es imposible para mí mentir; físicamente me lastimaría si lo hiciera.

La separación más grande que experimentamos en la vida humana, es nuestro propio abandono. Estamos tan lejos de nosotros mismos, que buscamos el amor en todos lados, en un intento desesperado por encontrar plenitud.

Luego, cuando finalmente nos dan amor, no lo queremos.
Queremos algo más; algo que no podamos tener.
¡Eso lo hace mucho más atractivo!
¿Por qué? Porque no creemos merecerlo.
¿Suena familiar ésto?
Todos somos iguales. Pensamos que somos tan complicados, pero en realidad, ¡somos todos idénticos! Los empaques pueden ser diferentes, ¡pero los contenidos son básicamente los mismos!

¿Por qué jugamos este juego?

¡Porque es divertido! ¿No te parece?
¿No te estás divirtiendo aún?
¡Este es el juego más grandioso que existe!
Aquí está Dios, pensando que es limitada, que es pequeña; que no puede tener lo que quiere...
¡Pero mira la belleza!
Imagínate: tú creaste todo eso.
¡Mira el mundo!
Mira la maravilla de la naturaleza.
Mira esa magnificencia.
¡Qué tan espectacular es la vida!
Qué controversial que es.
Cuántas figuras y formas.

Mira su belleza y pregúntate a ti mismo:
"*¿Cómo puedo no estar en paz y dicha?*"
Porque no puedes ver. No puedes ver, si no, estarías en paz y dicha. Estás viviendo una ilusión en tu cabeza.

Cuando dejé Australia, dejé una hermosa vida. Yo tenía una propiedad perfecta con vista al mar, amaba mi profesión, tenía mucho dinero, pero era miserable. ¡Pensaba que mi vida era terrible!

El sufrimiento estaba en mi cabeza, mi vida era genial.

No importa lo exitosa que seas; no importa cuanto dinero ganas o que tan linda sea tu familia; si no te amas a ti mismo, no tienes nada de nada, porque eres incapaz de verlo.

Yo no podía ver.

¡Ahora puedo! Ahora encuentro la belleza en todo. En lugares que solía evitar, encuentro la perfección.

Cada vez que aterrizo en un aeropuerto, ¡estoy llegando a casa!

¡Y yo aterrizo en muchos aeropuertos!

*****

Estábamos alojados en un hermosa Estancia, en Uruguay, miles de hectáreas de superficie y donde cada potrero era el hogar de un semental diferente junto a su manada. En total, eran cinco los padrillos y cada uno con su grupo de hembras. Es así que aún dentro de la naturaleza, hay una llamada instintiva a separar y proteger. Los sementales protegen a sus yeguas a toda costa: cuando los potros más jóvenes comienzan a madurar, los echan de la manada. Pelean a muerte para proteger lo que es de ellos, para proteger su harén. Y la única manera de que lo dejen, es siendo derrotados por un semental más poderoso.

La ironía es que esta conducta instintiva es emulada también por los humanos. Siempre estamos protegiendo nuestros sistemas de creencias, nuestras manadas, nuestros ideales, lo que percibimos como nuestro; e inclusive dispuestos a morir defendiéndolos. ¿Por qué? Porque todavía estamos atrapados dentro de la ilusión de separación.

No somos conscientes del hecho de que en realidad somos todos uno, que la carencia es nuestra percepción y que en realidad no hay nada que proteger.

Revisamos la historia de Atlantis y observamos que el mundo ideal es muy diferente. Es un mundo donde todos trabajan como unidad. No hay diferentes potreros, ni diferentes manadas, ni nada por lo que pelear. La existencia atlante ideal viene de un lugar de absoluta conciencia y de la experiencia de unión con el Uno.

Imagina por un momento que eres realmente hermosa.

Imagina por un momento que eres perfecta exactamente como eres.

Imagina por un momento que eres la fuente de todo amor.

Imagina que eres Dios teniendo una experiencia humana.

Imagina la vida llena de inocencia, alegría y libertad absoluta.

Imagina que cuando miras en el espejo, el rostro que te está mirando es el de alguien a quien amas realmente.

SÓLO IMAGINA.

Este es mi deseo para ti.

Con amor,

Isha

Apéndice I

Glosario

Centro: lugar donde viven y se forman los Maestros Isha, ubicado en Santa Marta, Colombia. Desde ahí salen a enseñar a toda Latinoamérica, España, Portugal y otras partes del mundo. Próximamente se inaugurará un nuevo Centro en Costa Azul, Uruguay.

Llaves Isha: las herramientas que forman la práctica central del Sistema Isha. (Para mayor información, referirse al *Apéndice II: Los siete componentes del Sistema Isha*)

Maestros Isha: maestros que dedican su vida a la enseñanza de esta práctica. Su foco unidireccionado es su propia sanación y la elevación de su conciencia hasta alcanzar la iluminación.

Sistema Isha: sistema sustentado en verdades de iluminación. Cuenta con herramientas simples y muy poderosas que al practicarlas crean una coherencia perfecta entre ambos hemisferios del cerebro y como consecuencia, la eliminación del estrés del sistema nervioso y la expansión de la conciencia. La práctica del Sistema completo conduce a la iluminación. (Para mayor información, referirse al *Apéndice II: Los siete componentes del Sistema Isha*).

Surcos: las creencias inconcientes que han sido grabadas en nuestras mentes durante la niñez, como los surcos en un disco de vinilo.

Unificación: la práctica en que utilizamos las llaves del Sistema Isha.

Apéndice II

Los siete componentes del Sistema Isha

El Sistema Isha es un método completo de autosanación y expansión de la conciencia, fácil de aprender y aplicar, sin sistema de creencias. Opera a nivel físico, emocional, mental y energético-espiritual.

Este sistema esta constituído por la práctica de siete componentes:

I. Las llaves Isha
II. Enfocarse en la conciencia
III. Sentir las emociones
IV. Hacer ejercicio físico
V. Beber mucha agua
VI. Ser reales, completamente humanos
VII. Hablar siempre la propia verdad

I. Las Llaves Isha

Las llaves Isha son un aspecto principal y son las actitudes de ascensión completas y avanzadas que Maharishi Sadhashiva Isham trajo a Occidente hace ya más de quince años. Estas llaves trabajan con la mente y producen —al practicarlas con los ojos cerrados—, un nivel de descanso físico que es el doble del descanso del sueño. Son un sendero directo a la experiencia de niveles más elevados de conciencia.

Actúan directamente sobre el sistema nervioso eliminando todo el estrés acumulado a lo largo de nuestra vida. Cuando esto sucede las limitaciones de la mente, surcos de creencias y negatividad mental comienzan a disolverse. Y lo que sirve (lo que apoya la regeneración, el crecimiento) se expande. Se genera un nivel de paz, armonía, amor y alegría interior, que comienza a irradiarse a todo.

Estas llaves se utilizan una hora al día con los ojos cerrados y el resto del día con los ojos abiertos. Se pueden practicar en cualquier posición cómoda, en cualquier lugar, en todo momento.

Son nuevas y únicas, no tienen nada que ver con técnicas de respiración, meditación, control mental, ejercicios de yoga ni Reiki.

Están diseñadas para estimular ambos hemisferios del cerebro de manera armónica. Una parte de ellas se basa en emociones inspiradoras tales como la Apreciación o Alabanza, la Gratitud, el Amor y la Compasión.

Estas actitudes o llaves son, como Isha nos dice "verdades absolutas de iluminación", y al incorporarlas en la vida diaria se avanza poderosamente en el proceso de expansión de la conciencia.

Enfocándose en las llaves Isha con los ojos abiertos durante el día, el individuo se ancla en el momento presente, estableciendo de forma permanente una experiencia interior de amor y plenitud.

A través de su propia experiencia de expansión de la conciencia, Isha descubrió que para aumentar la efectividad del proceso se requería la aplicación de otros elementos, que son fundamentales y constitutivos de este sistema.

II. Enfocarse en la conciencia

Es importante enfocarse en el momento presente, en la conciencia, permitiendo que los pensamientos fluyan, sólo observándolos.

A medida que el cuerpo entra en un nivel de descanso tan profundo como el que produce esta coherencia de las ondas cerebrales, cada célula comienza a eliminar lo que vibra por debajo de esa frecuencia y comienza a producirse la sanación y regeneración. Al mismo tiempo, la mente estará eliminando su estrés con pensamientos, es decir, todo tipo de pensamiento que transitara por la mente, y esto es parte de la liberación que se produce en el cuerpo, por lo que no es importante prestarle atención a todos los pensamientos que pasen.

No es importante analizar, porque no somos nuestros pensamientos, sino que cada toxina que se remueve trae consigo imágenes, recuerdos, etc. Sólo se trata de la renovación y la sanación que se están produciendo. Ahora bien, esto da lugar a la eliminación de los surcos y memorias limitantes grabados a niveles subconscientes, generadas en nuestra vida, aprendidas o adoptadas por elección propia. Estas limitaciones conforman la matrix de nuestro intelecto, y al ser eliminadas, nuestro potencial creativo comienza a estar al servicio de lo mejor e ilimitado.

Cuando el miedo ya no está limitándonos, podemos crear, decidir, hacer, concretar lo que queramos, sin límites.

III. Sentir las emociones

El sentir las emociones, es un aspecto importantísimo. Sentirlas sin juzgarlas, siendo gentiles e inocentes, sin necesidad de quedarse sumergidos en el drama o el sufrimiento.

Las sentimos para mover la energía natural que en ellas quedó estancada, liberando así las huellas del pasado grabadas por la represión emocional impuesta. Sentir el miedo que quedó con su mensaje de parálisis: la tristeza, la ira, el rencor, etc., sin importar su origen ni analizarlas, solo dejarlas fluir de una manera saludable y segura.

Por ejemplo, si estamos tristes, ¡permitirnos llorar! Y si estamos enojados, gritar en un almohadón, golpear una pera de boxeo o un colchón, o hacer ejercicio físico intenso.

De esta manera, las emociones que tienen una frecuencia vibratoria más alta, como el amor, la alegría, la paz, crecen y se van expandiendo y expresando en cada aspecto de nuestra vida.

IV. Hacer ejercicio físico

Es muy bueno hacer un mínimo de treinta minutos por día de cualquier ejercicio físico. Puede ser caminar vigorosamente, correr, hacer yoga, bailar, nadar, cualquier deporte o actividad que usted disfrute.

La actividad física -con el movimiento, el sudor- le permite a nuestro organismo eliminar más rápidamente todas las toxinas y el estrés; y también nos ayuda a ser más conscientes de nuestro cuerpo.

V. Beber mucha agua

El agua es un componente muy importante de nuestro organismo. Los adultos somos un setenta y cinco por ciento de este elemento, y su ingesta facilita la eliminación de toxinas y estrés.

Beber agua (entre uno y medio y dos litros por día) es importantísimo, ya que de lo contrario nuestro cuerpo se deshidrata y no puede fluir con los cambios que están operando a través de esta práctica.

Tanto la ingesta de agua como el ejercicio son dos aspectos primordiales para que el Sistema Isha opere de manera fluida y exitosa para el cuerpo.

VI. Ser reales, completamente humanos

A medida que sanamos y los miedos del pasado se disuelven, las máscaras que los encubrían —y los comportamientos creados para defenderlos—, comienzan a disolverse también.

Comenzamos a tener una percepción más conciente y real de nosotros mismos y de los demás, y empezamos a tener relaciones más claras, honestas y sinceras con el mundo.

El miedo es un hábito con el que hemos vivido por mucho tiempo, pero a medida que volvemos a la experiencia de nuestro verdadero ser, va desapareciendo de nuestras vidas de forma natural y completa.

"La vulnerabilidad va de la mano de la inocencia. Es importante ser reales, ser nosotros mismos en cada momento. Para la sanación completa —para poder ser un ciento por ciento divinos—, tenemos primero que permitirnos ser un ciento por ciento humanos" -Isha

VII. Hablar siempre la propia verdad

Para no abandonarse a uno mismo ni transigir, es importante hablar la propia verdad.

La mentira es una protección, la transigencia es abandonarse a uno mismo; y lo hacemos por haber aprendido que todo y todos los demás son importantes, y uno no lo es.

❊❊❊❊❊

El Sistema Isha es de una impecable eficacia trayendo sanación y excelencia a nuestra vida. Lleva la luz de la conciencia a cada parte de nosotros mismos que hemos ignorado y reprimido, juzgándola como imperfecta, y entonces podemos comenzar a amarnos incondicionalmente.

Entonces sí, podremos también amar de manera incondicional a todos los demás, y comenzar a transitar los primeros pasos de la verdadera compasión.

Cómo aprender

El sistema Isha es fácil de aprender y de usar. Libre de doctrinas, sistema de creencias y dogmas, es enseñado por Isha y los Maestros Isha en un seminario de fin de semana. Para información de los próximos eventos en tu área, por favor visita www.isha.com o consulta con los contactos en la solapa posterior de este libro.

Índice

Agradecimientos 5
Prólogo 7
Introducción 9
La Revolución de la Conciencia II:
La expansión continúa 13
Apéndice I: Glosario 221
Apéndice II: Los siete componentes del Sistema Isha 225

"CUANDO MIRO A TUS OJOS
TUS ALAS SON LAS MÍAS
SIENTO QUE PODEMOS VOLAR
COMO UNO

ESPERO QUE CUANDO LA HUMANIDAD MIRE EN MIS OJOS, PUEDAN SENTIR
EL AMOR EN SUS CORAZONES Y NOS PODAMOS UNIR, COMO UNO".

Isha comparte a través de su libro LA REVOLUCION DE LA CONCIENCIA, publicado por Editorial Kier, este CD su visión de un mundo unificado y ofrece el **Sistema Isha** como vehículo para la expansión de la conciencia, el amor, la paz de cada uno y el mundo. Más información:
www.isha.com
www.consciousnessrevolution.com

Novedades

El Libro

LA MAESTRA ESPIRITUAL MÁS PUBLICITADA EN LA TELEVISIÓN LATINOAMERICANA, LLEGA CON SU NUEVO Y REVOLUCIONARIO LIBRO PARA SUS MILES DE SEGUIDORES EN TODO EL CONTINENTE.

Una serie de diálogos en donde Isha nos guía por medio de una serie de herramientas simples. Las preguntas y sus respectivas respuestas, hechas por estudiantes de diferentes países y edades, hombres y mujeres, jóvenes y niños, maestros y aprendices, Isha y público en general, se han recogido durante las conferencias y los cursos intensivos realizados en diferentes partes del mundo por los maestros Ishas.

La Música

CD de "La Revolución de la Conciencia"
"Consciousness Revolution - Guru Cool"
por Isha y Marcelo Grión

Este CD es una creación de gran sensibilidad y colorido. Los temas sumamente variados y diferentes te permiten navegar por sentires, emociones, sensaciones de una manera intensa y profunda.
La voz de Isha te sumerge en el corazón, y su poesía, su invitación a despertar, a volver a casa al amor, va resonando con cada célula que parece acusar recibo de este llamado enviando su respuesta. La poesía, es un llamado al mundo a volver al amor, entrelazando las palabras cantadas o recitadas, en inglés y en español, que se tornan por momentos casi hipnóticas.
Este CD, más que solo música a escuchar, es una experiencia a vivir ¡No te lo pierdas y deja que tu corazón responda!

Si desea recibir información gratuita sobre nuestras novedades y futuras publicaciones, por favor:

Llámenos o envíenos un fax al: (54-11) 4811-0507

Envíenos un e-mail: info@kier.com.ar

Complete el formulario en: www.kier.com.ar/cuestionario.php

Recorte esta página y envíela por correo a:

EDITORIAL KIER S.A.
Avda. Santa Fe 1260
CP 1059 - Buenos Aires
República Argentina
www.kier.com.ar
www.cnargentina.com.ar
www.megatiendanatural.com.ar

Apellido
Nombre
Dirección
Ciudad - Código Postal
Provincia - País
e-mail

Si desea realizar alguna sugerencia a la editorial o al autor, no dude en hacerla llegar. Su opinión es muy importante para nosotros.

Muchas gracias.
EDITORIAL KIER

LA REVOLUCIÓN DE LA CONCIENCIA II
La expansión continúa

Este libro se terminó de imprimir
en abril de 2006
Tel.: (011) 4204-9013
Gral. Vedia 280 Avellaneda.
Buenos Aires - Argentina

Tirada 10.000 ejemplares